화놀우돌 제주숲 7년 여정

테마 중심 인문학적 숲해설

좌충우돌 제주숲 7년 여정

테마 중심 인문학적 숲해설

정동락 지음

좋은땅

머리말

숲과 인간
자연주의자이자 환경철학자 존 뮤어는 "숲으로 가는 것은 고향으로 가는 것이다. 왜냐하면 우리 모두는 숲에서 왔기 때문이다"라고 말했다. 인간은 자연 속에서 태어나고 자랐으며, 숲은 인간의 생태적 고향이다. 숲의 생태는 인간에게 지속 가능한 삶의 방식과 자연과의 조화로운 공존을 일깨워 준다.

숲과 나
초등학교 저학년 시절까지 숲은 나에게 동네 아이들과 함께 어울려 놀던 소중한 공간이었다. 그곳은 반찬을 만들기 위한 재료를 얻는 먹거리의 마트였고, 매일 음식을 만드는 화력과 겨울철 난방을 위한 재료를 수확하는 유일한 곳이었다. 더군다나, 계절마다 다양한 간식을 제공해 주는 먹거리가 풍부한 장소이기도 했다. 하지만 초등학교 고학년이 될 때, 내가 살던 동네에 공장이 들어와 개발이 시작되면서 숲은 점차 내 일상에서 멀어지기 시작했다.

은퇴 후, 숲해설가 자격증을 취득하면서 숲은 다시 내게 친근하게 다가왔다. 서울에서 제주도로 이주하여 제2의 인생을 숲해설가로 살아가면서, 숲은 이제 나의 놀이터이자 일터로 바뀌었다. 숲속의 다양한 생태를 이해하고, 그 아름다움을 사람들과 나누는 일은 내가 가장 사랑하는 일 중 하나가 되었다.

은퇴 후 제주도에 정착하여 7년 동안 제주 숲해설가로 행복했던 숲해설 여정을 보고서 형식으로 기록하기 시작했다. 7년 숲해설기를 쓰면서 내 마음 속에 일어난 화두는 '코로나19 사회적 거리두기'로 대면 중심의 숲해설이 큰 위기를 맞았는데, 코로나19 이후도 이전과 같은 숲해설 방식으로 '숲해설가'라는 산림교육 전문직이 유지될 수 있을까?' 하는 것이었다.

뉴 노멀 시대의 도래

코로나19 팬데믹이 시작될 때 미래학자 토머스 프리드먼은 인류 역사가 이제 B.C.(Before COVID-19)와 A.C.(After COVID-19)로 나뉠 것이라고 주장하였다. 이는 코로나19가 단순한 일시적 팬데믹이 아니라, 우리 생활 전반에 걸쳐 구조적인 변화를 가져올 것임을 의미하였다.

코로나19 이후 새로운 일상으로 받아들여야 하는 뉴 노멀 시대가 도래하였고, 이는 과거의 표준이 이제는 통하지 않으며 새로운 가치 표준이 세상의 변화를 주도하는 상태를 의미한다. 우리는 새로운 시대의 요구에 부응해야 하며, 변화에 적응하는 능력을 키워야 한다. 숲해설 분야에서의 혁신과 창의적인 대응이 요청되고 있다.

코로나19 이후 더 많은 사람이 숲을 찾고 있다. 이러한 현상은 심리적 치유, 신체적 건강 증진, 자연과의 소통, 환경 의식의 증가 등 여러 요인이 복합적으로 작용한 결과라고 할 수 있다.

그러면 뉴 노멀 시대에 숲해설 현장은 어떠한가?
코로나19 이후 숲을 찾는 사람을 많은 데 왜 숲해설가 일자리는 점점 줄어들고 있을까? 산림청은 전국 자연휴양림 숲해설 상황을 '휴양림별 자연 특성을 반영하지 못한 천편일률적 숲해설 콘텐츠와 단순 해설로 고객들의 참여 만족도가 저조하다'(2020년 10월)고 평가하고 있다.

또한 코로나19부터 비대면 숲해설이 더욱 강화되고 있는 현실이다. 가장 비근한 예로 QR코드 숲해설이다. QR코드를 스캔하여 숲해설 자료나 영상을 시청하는 비대면 숲해설 서비스이다. QR코드 숲해설의 특징은 시간에 구애받지 않고 언제든지 숲해설을 들을 수 있고, 가족 단위 등 소규모 관광객에게 만족도가 높다. 더군다나 시각효과(자막, 이미지)를 보강한 영상이 제공될 뿐 아니라 혼자서 이용할 수 있는 장점이 있다.

뉴 노멀 시대에 새로운 방식의 숲해설 요청

뉴 노멀 시대에 기존의 숲해설 방식은 이제 통하지 않게 되었다.

식물에 대한 단편적인 지식 전달은 이제 휴대전화기 하나로 더 정확하게 알 수 있게 되었다.

의미 전달 없는 단순 재미 추구의 숲 놀이는 더 재미있는 놀이에 젖어 있는 이들에게 흥미를 잃었다.

숲해설은 산림복지 서비스이다. 서비스업계에서 손님이 왕인데 숲 방문자들을 왕처럼 대하는 서비스를 제공하고 있는가?

뉴 노멀 시대에 해설 원칙에 충실하면서도 새로운 방식의 숲해설이 요청된다. 식물의 개체의 단순 지식 전달의 해설이 아니라 방문 대상의 방문 욕구에 맞춘 식물의 생태 해설을 소재로 한 해설이 요청된다. 나아가서 식물의 생태를 소재로 할 뿐 아니라 그와 관련된 인문학적 내용을 스토리텔링 하여 전달하는 것이 감동을 준다. 코로나19 이후 건강의 목적으로 숲을 찾고 있다. 산림치유를 포함하는 숲해설이 요청된다.

테마 중심 인문학적 숲해설

이 책에서는 '테마 중심 인문학적 숲해설'이라는 새로운 방식을 통하여 숲해설의 중요성과 그 과정에서의 경험을 나누고자 한다. 제1장은 내가 숲해설가로서 7년 동안 겪었던 여정을 다룬다.

첫 근무지인 한라생태숲에서 숲해설 경험은 실수와 좌충우돌의 연속이었다. 하지만 이러한 실수들이 결국 이후 숲해설의 원칙을 정립하는 데 중요한 밑거름이 되었음을 깨닫게 되었다. 난대아열대산림연구소의 한남시험림에서의 근무는 산림교육의 정석을 배우는 소중한 시간이었고, 서귀포자연휴양림에서 경험한 코로나19 팬데믹은 대면교육이 위기를 맞는 어려운 상황이었다. 그럼에도 불구하고 제주기적의도서관과 함께 진행한 '길 위의 인문학-숲과 인문학' 화상 강좌는 온라인과 오프라인의 경계를 허물며 초보 숲해설가가 깊이 있는 산림생태를 배우도록 도와주었다.

이후 제주 국립산림생태관리센터에서 3년간 연속 근무하며 실질적인 경험을 축적하였고, 숲해설 동지들과 함께 누구에게나 열려 있는 행복한 숲체험 교육을 위해 '와랑와랑숲사회적협동조합'을 설립했다. 이는 산림청 녹색자금 사업의 지원을 받아 발달장애 아동과 그 가족을 대상으로 2년간 숲체험 교육을 제공하는 소중한 기회가 되었다. 이러한 경험은 발달장애 아동을 숲활동을 통해 치유할 수 있을지에 대한 고민으로 확장되었고, 결국 나는 산림치유지도사 자격을 취득하여 숲해설에 산림치유를 접목하는 계기가 되었다.

이러한 나의 여정과 경험을 통해 숲해설의 새로운 가능성을 제시하고, 독자들에게도 영감을 주기를 희망한다.

제2장에서 제안하는 '테마 중심 인문학적 숲해설'은 뉴 노멀 시대에 적합한 새로운 해설 방식이며, 박종만(2013)의《인문학적 숲해설》과 샘 햄(2023)의《청중을 변화시키는 해설》에서 그 근거를 찾을 수 있다. 이러한 숲해설은 단순한 정보 전달을 넘어, 청중이 자연과의 관계를 다시 맺고, 심리적 및 감정적 경험을 통해 숲의 의미를 깊이 이해할 수 있도록 돕는다. 테마 중심의 접근법은 각기 다른 주제를 중심으로 구성되어, 청중이 특정한 테마에서 숲을 바라보고 느낄 수 있도록 점진적인 경험을 제공한다. 이를 통해 자연에 대한 이해와 인식이 변화될 것으로 기대한다.

제3장은 제주 숲 현장에서 경험하는 산림 생태와 산림 문화를 바탕으로 한 인문학적 숲해설의 실제를 담고 있다. 코로나19 팬데믹 기간 동안 진행된 '길 위의 인문학 - 숲과 인문학' 화상 강의에서 일부 내용을 발췌하여, 숲에서 만나는 연리목, 제주의 바람과 돌, 그리고 나무의 관계, 그리고 숲의 투쟁과 상생의 현장을 요약 정리했다.

이 장에서는 제주 국립산림생태관리센터에서 탐방로 설치한 입간판 해설문과 숲해설 프로그램을 포함하였다. 입간판 해설은 짧은 문장으로 이루어져 있지만, 이를 통해 산림 생태와 인문학적 해설의 깊이를 느낄 수 있다고 생각된다.

제주의 산림에서 숲해설을 할 때 꼭 필요한 제주의 농경문화 목축문화 유배문화 제주 4.3사건을 간략하게 정리했다.

이러한 내용은 숲의 다양한 요소와 그 속에서 살아가는 생명체들이 어떻게 관계를 맺으며 상생하는지를 탐구하는 좋은 기회를 제공한다. 독자는 제주 숲의 생태적 가치와 제주 역사와 문화, 그리고 그 안에 담긴 인문학적 의미를 이해하고 더 깊은 이해를 위한 단초를 만날 것이다.

숲 관통인에서 숲 생태인으로
숲에서 많은 숲 관통인을 만난다. 숲을 찾는 사람들이 단순히 숲을 관통하듯 숲의 생명체들을 스쳐 지나가는 것이 아니고, 어느 숲을 발로 밟고 갔다는 기록을 남기는 숲 정복자가 아니라, 숲의 생명체를 알아가고, 숲과 하나가 되어 친밀해지고, 환경 변화로 인해 고통받고 있는 숲의 생명체들을 한 가족의 고통으로 느낄 수 있는 사람으로 변화된다면 얼마나 좋을까? 하는 기대감으로 나는 이 글을 쓰게 된 것이다. 간단히 말하자면, 나는 숲을 찾는 이들이 생태적 인간으로 변화되기를 소망한다.

이러한 변화를 숲해설 현장에 일하는 숲해설가과 함께 실현해 보고자 하는 것이 내가 이 책을 집필한 이유이다. 숲해설에서는 산림 생태계를 주제로 한 다양한 활동과 프로그램을 통해 참가자들이 직접 숲을 탐방하고, 식물과 동물에 대해 배울 기회를 제공한다. 이러한 경험은 단순히 이론적 지식을 넘어서, 감정적 연결을 형성하는 데 큰 역할을 하고, 숲을 통한 감성 교육은 생태계 보호의 필요성과 책임을 더욱 깊게 이해할 수 있도록 도와준다. 이러한 숲 교육이 확산한다면, 자연과의 관계가 더욱 돈독해지고, 기후 변화로 인한 문제들을 함께 해결해 나가는 가족처럼 느끼는 사람이 많아질 것이다. 그렇게 되면, 우리는 지속 가능한 미래를 위한 중요한 기반을 마련할 수 있을 것이라 기대해 본다.

차례

머리말   4

제1장
좌충우돌 7년 숲해설 여정

1. 초짜 해설가 좌충우돌기
  - 한라생태숲(2018)   16

2. 산림교육 모범 배우기
  - 한남시험림(2019)   34

3. 산림생태 학습기
  - 코로나19 팬데믹(2020-2021)   44

4. 산림생태 경험기
  - 제주국립산림생태관리센터(2022-2024)   50

5. 산림복지 서비스기
  - 사회적협동조합 설립과 발달장애 아동 대상 숲활동(2023-2024)   56

제2장
뉴 노멀 시대 숲해설 - 테마 중심 인문학적 숲해설

1. 숲해설의 6가지 원칙   84
2. 인문학적 숲해설   87

3. 산림생태 소재 중심 숲해설　　　　　　　　　　　92
4. 대상 맞춤 숲해설　　　　　　　　　　　　　　94
5. 테마 중심 숲해설　　　　　　　　　　　　　　97
6. 테마(T) 짜임새(O) 눈높이(R) 재미(E) 해설 모델　　117
7. 해설의 궁극적인 목표에 따른 세 종류의 해설사　121

제3장

테마 중심 인문학적 숲해설 실제

1. 연리목 평생 동행　　　　　　　　　　　　　　126
2. 바람·돌·나무의 연합　　　　　　　　　　　　142
3. 나무 중의 나무 – 참나무　　　　　　　　　　　157
4. 숲은 생존 투쟁의 현장　　　　　　　　　　　　169
5. 제주국립산림생태관리센터 입간판 해설　　　　184
6. 제주국립산림생태관리센터 숲해설 프로그램　　212
7. 산림문화 제주 유적과 해설　　　　　　　　　　223

맺는말　　　　　　　　　　　　　　　　　　　　245
참고문헌　　　　　　　　　　　　　　　　　　　249

제1장

좌충우돌
7년 숲해설 여정

〈한라생태숲 이끼 안개 정원〉

초짜 해설가 좌충우돌기
- 한라생태숲(2018)

한라수목원과 한라생태숲 차이: 생태 개념 발견

한 가족이 육지에서 제주도로 여행을 오면서 한라생태숲에 숲해설 예약을 했다. 예약자와 한라생태숲 입구 안내판에서 만나기로 한 약속 시간이 지나도 오지 않아 기다리고 있는데 전화가 왔다. "한라생태숲에 와 안내판 앞에서 기다리는데 숲해설가 선생님은 어디 계셔요?", "아, 저도 안내판에서 기다리고 있는데. 어디에 계신가요?" 알고 보니 그분이 공항에서 출발해서 한라수목원을 한라생태숲인 줄 알고 한라수목원 안내판 앞에서 나를 기다린 것이다.

그때서야 제주도에 한라수목원이 있다는 사실을 알았고 한라수목원과 한라생태숲의 차이점이 궁금해하여 주무관에게 질문해 보았다. 한라생태숲은 제주도의 숲 생태를 복원한 공간으로, 이곳에 서식하는 동식물들은 원래 제주도 숲에 자생하던 식생들로 이루어졌다는 설명을 들었다.

더 깊이 알아보니 수목원과 생태숲은 비슷한 자연 보전과 교육의 목적을 하고 있지만, 수목원의 주요 목적은 나무와 식물의 보존 및 연구와 교육으로, 그래서 전 세계 다양한 종류의 나무와 식물이 심겨 있다. 반면 생태숲의 목적은 생태계의 보전과 복원, 그리고 생물 다양성 증진에 있다. 이를 위해 자연 상태에 가까운 숲을 유지하고, 다양한 생물들이 서식할 수 있도록 관리하는 것이 핵심이다

이러한 경험을 바탕으로 생태의 의미를 더 깊이 이해하게 되었고, 생태는 단순히 자연을 보전하는 것이 아닌, 다양한 생물과의 관계를 통해 우리 삶의 질을 높이는 중요한 개념임을 깨달았다.

훈육차 타의로 숲에 온 중학생들: 탐방자 중심 해설의 중요성 통감

인터넷으로 6명이 예약되었다. 성인이 올 것으로 생각했지만, 현장에서는 선생님 한 분과 중학생 5명이 기다리고 있었다. 선생님이 학생들을 훈육 차원에서 숲해설을 신청한 것이었다. 나를 만나자마자 선

생님이 "이제 2시간 동안은 숲해설가 선생님 마음대로 해 주세요."라는 말을 던지고는 뒤로 물러났다. 나는 학생들의 관심을 끌어내기 위한 진행을 해야 했지만 청소년 관련 숲해설 경험이 없었고, 필요한 준비물과 도구도 전혀 없었다. 이러한 상황에서 학생들의 관심사를 탐색하기 위한 질문을 던져 보았지만 별다른 반응을 얻을 수 없었다.

결국, 2시간 동안 청소년들의 관심을 끌지 못한 채 숲에 대한 정보를 일방적으로 전달하는 데 그치고 말았다. 학생들은 이제 막 코뚜레 꿴 송아지처럼 억지로 끌려다니는 모양새였다. 시작 지점에 돌아오니 중학생들은 선생님이 나눠준 비닐 한 장씩을 가지고 주차장 주변에서 쓰레기를 줍고는 한라생태숲을 떠나갔다. 이 경험이 얼마나 당황스러웠고, 진땀을 흘렸는지 모른다.

이 경험은 숲해설이 단순한 지식 전달이 아니라, 청소년의 관심을 끌고 그들과 함께 소통하는 것이 얼마나 중요한지를 깨닫게 해 주었다.

앞으로는 숲해설을 진행할 때, 대상에 맞춘 목표 설정과 사전 준비를 통해 탐방객의 흥미를 유도하는 방안을 마련해야겠다는 교훈을 얻었다.

청중에 대한 사전 지식이나 정보 없이 강의하는 것은 여러 가지 문제점을 초래할 수 있다.
첫째, 청중의 관심 부족: 청중이 이미 알고 있는 내용이나 관심 없는 주제를 다르게 되면 강의에 관한 관심이 떨어질 수 있다.

둘째, 적절한 난이도 설정 실패: 청중의 지식수준을 파악하지 못하면 강의 내용이 너무 쉽거나 너무 어려울 수 있다. 이는 청중의 이해도를 저하할 수 있다.

셋째, 상호작용 부족: 청중의 배경지식이나 관심사를 알지 못하면 질문이나 토론을 유도하기 어려워 상호작용이 부족해질 수 있다.

넷째, 목표 설정의 어려움: 청중의 필요와 기대를 이해하지 못하면 강의의 목표를 명확히 설정하기 어려워질 수 있다.

이러한 문제점을 해결하기 위해서는 강의 전에 청중에 대한 사전 조사를 시행하고, 그들의 배경지식과 관심사를 파악하는 것이 중요하다. 이를 통해 강의 내용을 적절히 조정하고, 청중의 참여를 유도하며, 강의의 효과를 극대화할 수 있다.

이 사건 이후부터는 예약된 사람들에게 대상이 누구인지 연령층과 숲해설에서 알기를 원하고 경험하기를 원하는 것이 무엇인지를 꼭 물어보고 대상자 중심의 숲 교육을 준비하게 되었다.

고로쇠나무와 때죽나무 연리목 해설:
탐방객들은 각자 고유한 과거를 갖고 숲을 찾는다

제주도로 여행을 온 자매 부부가 유아 자녀와 함께 70대의 홀로된 친정어머니를 모시고 숲해설을 신청했다. 해설을 시작할 때 숲해설은

〈한라생태숲 연리목〉

약 1시간 동안 진행되고 해설 후 숲탐방은 건강 상태에 따라 원하는 시간에 맞춰 탐방로를 안내해 주었다. 70대 할머니는 아직도 건강하다며, 2~3시간 동안 숲을 둘러보는 것에 자신감을 보였다.

때죽나무와 고로쇠나무가 연리목이 된 숲해설 마지막 코스에 오기까지 모두가 즐겁고 재미있어했다. 두 그루의 나무가 온전한 연리목이 되기까지의 과정은 두 사람이 결혼하고 동거하면서 온전한 한 몸을 이루는 일과 비슷하다는 해설을 들으면서 할머니의 표정이 조금씩 변하더니 시선을 딴 곳에 두고 몸을 돌리는 등 심경이 불편한 행동을 하면서 이렇게 말한다.

"해설가 양반, 내가 딴짓해도 귓구멍은 뚫려 있어, 해설가님의 소리 잘 듣고 있으니 날 신경 쓰지 말고 계속 해설하슈."

연리목 숲해설이 끝났을 때, 할머니는 팔다리가 아프다며 숲 밖으로 나가자는 의사를 밝혔다. 그 순간, 나는 깨달았다. "아하~ 연리목 해설 중 부부간의 이야기 속에서 무언가 할머니의 마음을 아프게 했구나."

당황이 된 딸이 나와 헤어지면서 "우리 어머니는 일찍 돌아간 남편에 대한 원망이 늘 있었는데, 세상을 떠난 남편 생각나서 기분이 울적해지신 것 같아요."라고 말하며 이해해 달라고 말했다.

이 사건은 원래 즐겁고 행복해야 할 숲해설과 탐방이 오히려 기분을 상하게 하는 일이 되어 버려 모두에게 아쉬움과 죄송함을 남겼다. 해설가인 내가 전달하고 싶은 내용에 집중하느라 그 해설을 듣고 있는 사람들 한 사람 한 사람의 심정 변화를 헤아리지 못했다고 하는 반성이 되었다.

열이면 열 모두가 각기 다른 과거 경험을 갖고 숲을 찾는다.

사약의 원료 천남성 뿌리 해설 현장이 부부싸움 장소: 기상천외한 탐방자도 있다

한 동료 숲해설가가 숲해설 현장에서 일어난 당혹스러운 사건을 들려 주었다. 사약의 원료가 되는 천남성 뿌리에 대한 해설이 끝난 직후,

한 여성이 남편에게 큰소리로 불만을 표출하며 "이제 당신이 나를 화나게 하면 난 이곳에 와서 천남성 뿌리를 먹고 자살해 버릴 거예요. 알겠어요?"라고 외쳤다. 숲해설 현장에서 다른 탐방객들이 함께 있음에도 대놓고 부부싸움을 벌이는 황당한 상황으로 발전했다. 동료는 이러한 상황에 어떻게 대처해야 할지 고민을 말했다.

탐방자들은 식물의 열매나 뿌리의 효능에 대해 특히 궁금해한다. 특히 남성들은 '어떤 식물이 정력에 좋다.'는 것에 관심을 보이고, 여성들은 '미용에 도움이 된다.'라는 주제에 몰두하는 경향이 있었다.

나 역시 탐방자들이 주의를 끌기 위해 이 식물이 몸에 유용하다고 이야기하고 싶을 때가 많았다. 그러나 숲 교육을 받을 당시에 '식물의 효능에 관한 이야기는 자제해야 한다.'라는 조언을 받았기에, 그 이후로는 식물의 약효에 대해 언급하지 않고 있다. 그렇게 하다 보니, 숲해설 현장에서 탐방객들끼리 자연스럽게 서로 의견을 주고받고, 어떤 식물이 몸에 좋다는 이야기를 나누는 모습을 보게 되었다.

하지만 천남성과 같은 독이 되는 식물에 대한 해설은 피할 수 없기에, 나는 천남성에 관해 이야기할 때 천남성 해설 현장에서 부부가 싸운 사례를 언급하면서 이렇게 결론을 맺는다.
"이 천남성 뿌리는 사약의 원료가 됩니다. 다른 식물의 뿌리와 혼합하여 사약을 만들기에 이 뿌리만 먹는다고 해서 죽는 것은 아닙니다.

오히려 개고생만 할 뿐입니다."

나는 탐방객들에게 식물에 대한 올바른 이해를 전하는 것도 중요하지만 죽음과 직결된 내용을 전하는 것에는 주의가 필요함을 깨달았다.

전통적 사고에 사로잡힌 해설가 본인이 문제의 근원: 숲해설가 당사자의 사고 전환이 중요하다

제주대학교 식물과 관련된 학과 학생들이 교수님이 숲해설 예약을 하였고 이들에게 숲해설을 하면서 나를 깨닫게 하는 아주 유익한 경험이 있다.

해설의 마지막 부분에서 '연리목'에 대한 설명을 하며, 두 나무가 서로 사랑하여 하나의 나무가 되어 살아간다고 이야기했다. 이 연관성 속에서 나는 신혼 초 아내와의 경험을 떠올리면서 이런 이야기를 했다.

내가 서울에서 자취생활을 할 때 라면을 즐겨 끓여 먹었다. 라면을 맛있게 끓이려면 적당한 물의 양과 끓이는 시간이 중요하다. 신혼 초에 아내가 푹 퍼진 라면을 끓여 왔을 때 내가 "여자가 라면도 하나 못 끓이는가?" 하는 말로 아내의 마음을 아프게 했다. 이러한 경험담을 이야기하면서, 이 자리에 있는 남학생 여러분이 결혼해서 남편이 되었을 때 아내의 준비한 음식에 대해 무조건 맛있다고 하는 것이 신혼 때 꼭 필요한 말 한마디가 아닐까 생각한다라고 남자 대학생에게 조언했다.

숲해설 마친 후에 한 여학생이 따지듯 "여자는 무조건 라면을 잘 끓여야 하나요?"라고 나에게 따지듯이 물었다. 나는 한순간 아무 말도 할 수 없었고 그냥 헤어지고 말았다. 그 여학생의 말을 곱씹으면서 내린 결론이다. "결혼해서 여자가 꼭 음식을 준비해야 하고 여자라고 라면을 잘 끓여야 한다는 것은 말도 안 되는 것이다." 나의 결혼 세대에서는 여성들이 주로 가정의 식사를 준비하고 집안일을 돌보는 것이 일반적이었다. 그러나 수십 년 전부터 여성들의 교육 수준이 높아지고, 사회 진출이 활발해짐에 따라 많은 여성이 직업을 가지게 되었다. 이는 가사 분담의 변화를 가져왔고, 남성들도 요리나 가사 일을 함께 하는 시대가 되었다.

해설가로서, 나는 이러한 고정관념들 - 성별, 인종, 나이, 직업, 외모 등에 기반한 편견 - 이 나의 언어와 행동에서 무의식적으로 드러날까 두렵다. 더군다나 포용적이고 다양한 사회를 만들어 가기 위해서는 해설가부터 이러한 고정관념을 깨뜨리는 노력이 필요하다.

식물 연구 동아리 대상 해설:
탐방자 중심의 쉬운 언어로 소통

자연과 관련된 분야를 탐구하는 동아리가 숲해설을 신청했다. 이들은 제주의 자연에 대해 나보다 지식과 탐구 경험이 많은 자들이다.

나는 저들보다 좀 더 많이 아는 척, 유식한 척하려고 전문적인 언어를 사용하며 해설했다.

나는 오늘의 해설에 대단히 만족해하며 돌아오고 있었다. 그런데 바로 내 등 뒤에서 나브고 들으라는 듯, 방금 숲해설을 들은 한 탐방객이 동료들끼리 나누는 말이 들렸다. "동서고금이 무슨 뜻이야? 난 이 말을 처음 들어 봐." "응, 그래. 나도 오늘 숲해설가 선생님 해설 중에 처음 들어보는 말들이 여럿 있었어."

아뿔싸! 이건 꿈에도 생각하지 못했던 일이다. 숲해설 중 베토벤을 소개하면서 '동서고금을 통틀어 유일한 청각장애 음악가'라고 한 말이 생각난다. 내가 익숙하게 쓰는 용어일지라도 청중이 그 내용을 이해하지 못하여 오히려 의사소통의 단절을 초래한 것이다.

해설가로서, 청중의 지식수준을 고려하고 그들이 친숙하게 느낄 수 있는 언어를 선택하는 것은 매우 중요한 일이다. 나의 전문 지식을 자랑하여 말하기보다는 저들이 알고 있는 제주의 자연에 대한 탐방객들의 지식을 끌어내고, 그들과 함께 교감하는 형식의 대화를 나누는 것이 더 의미 있고 상호만족 하는 해설이 될 수 있었겠다는 반성을 하게 되었다.

루페는 숲체험 활동의 조커(joker)인가?: 목표가 없는 재미 중심 활동

루페는 숲 체험 놀이에서 확실히 중요한 역할을 하는 도구이다. 10배율 루페를 활용한 식물 관찰은 해설하며 시간을 끌기에 매우 효과적이며, 그러한 활동은 탐방객 대부분에게 큰 인기를 끌고 있다. 특히, 나무껍질 혹은 이끼, 꽃의 암술과 수술, 고사리의 포자를 가까이에서 관찰하는 것은 자연에 대한 흥미를 심하게 증가시킨다.

나의 숲해설 초창기에는 루페를 약방의 감초처럼 사용했다.
루페를 사용하는 활동은 누구에게나 재미도 있고, 시간도 때울 수 있는 방법이기 때문이다. 그러나 돌이켜 보니 루페 관찰 활동이 명확한 주제나 목표 없이 진행되었다는 반성을 하게 된다.

짜장면 한 그릇에 목매 숲 활동에 참여한 아동: 물 먹기 싫은 말에게 물을 먹일 수 있어야 최고의 목동

주무관의 지시로 사회 취약계층인 지역아동센터 아동을 대상으로 하는 8회(월 1회) 토요 숲체험교육 프로그램을 4월부터 시작했다. 이 프로그램이 시작되기까지는 우여곡절이 많았다. 이제 막 숲 교육 활동을 시작하는 초짜, 아동 대상 숲 교육 경험이 전혀 없는 숲해설가가 아동 대상 프로그램을 만드는 것도 쉬운 일이 아니었지만, 더더욱 어려운 것은 사회적 취약계층을 연속적으로 매월 1회씩 숲으로 데려오는 일이었다. 겨우 지인을 통해 소개받은 애월 소재 지역아동센터에서 장기 프로그램에 아동을 동원해 주기로 해서 모집하는 문제를 해결했다.

사회적 취약계층 아동들은 경제적, 정서적, 교육적 지원이 부족한 환경에서 성장하는 경우가 많아서 자존감이 낮을 것이라는 연구가 있어서 숲 교육 활동을 경험하면 자존감이 높아질 것이라는 가설을 갖고 시작했다. 1차시 수업할 때 자존감 변화를 알아보기 위해 현재 자존감 측정(5차시, 8차시 측정 예정)을 하고, 자기 나무를 선정하여 매월 관찰하면서 나무의 변화를 기록하게 했다. 다음 차시에 오고 싶은 동기를 심기 위해 차시마다 재미있는 놀이를 한 개 이상 준비를 했다.

8회까지 숲 체험 활동을 진행했지만, 의도했던 숲 활동의 목표를 달성하지 못했다. 다 실패한 것이다. 가장 큰 실패 원인은 3가지였다.

첫째, 총 8회 중 개근한 아동은 2명뿐이고 매번 15명 내외가 왔지만 25명 중 서로 돌아가면서 참여한 것이다. (연속 프로그램 효과 측정 불가)

둘째, 아동의 키에 갖추어 쉽게 관찰할 수 있는 나무를 선정하였는데 선정한 나무의 변화가 너무 미미하여서 관찰하는 재미가 없었다. (식물의 생장 변화는 눈으로 관찰하기가 힘들고 또한 재미없는 일)

셋째, 아동들이 사는 삶의 정황을 전혀 모르면서 프로그램을 기획하고 추진한 숲해설가 본인에게 있다.

숲체험교육을 시작할 때마다 간혹 아동 몇 명이 센터장에게 "선생님 짜장면 언제 먹어요?", "선생님 오늘은 닭튀김 언제 먹어요?" 이렇게 물어보곤 했다. 숲에 오자마자 먹는 것 타령이다. 나는 '아이들 부모가 바빠서 아침을 먹이지 않고 보냈구나.' 하는 생각만 했는데 3차시를 마치고 센터장에게 물었다. "선생님 아이들이 아침을 제대로 먹지 못하고 오는 모양이지요?" 그때 센터장이 웃으면서 하는 말의 내용이 나에게 충격이 되었다. 아동을 토요일 숲으로 데려오려면 토요일은 정식 수업이 없는 날이기 따라서 먼저 보호자의 동의를 얻어야 하고, 보호자는 참여 여부를 자녀의 의사에 맡기기 때문에 아이들이 좋아하는 짜장면, 떡볶이, 닭튀김 등을 점심때 사 주기로 하고 데려온 것이라고 한다. 그 예산은 센터장의 개인 호주머니에서 나온다는 것이다. 숲체험교육이 아동의 성장 발달에 좋은 기회가 될 것으로 보여 아이들이 좋아하는 점심을 당근으로 유혹하여 데려온다는 것이었다. 그런데 먹을 것에 목숨을 걸지 않는 아동은 집에서 TV 시청, PC 게임 하는 것을 더 좋아하기 때문에 숲으로 오려 하지 않는다고 한다.

난 지금까지 아동들이 15명 내외로 꾸준히 숲체험교육에 오는 것은 숲 활동이 재미있어서인 줄 알았는데. 아동들이 짜장면 닭튀김 미끼에 꿰여 온 것이었다.

"와~ 서글프다. 아동들에게 숲체험교육 활동이 짜장면 한 그릇보다도 더 매력이 없다니."

그 말을 들은 후 센터장에게서 아이들의 가정형편에 대해 알아보니 단순히 경제적 어려움만이 아니라 결손 가정의 아이들이 많았다. 아이들의 삶의 정황을 조금 알게 되니 마음이 아팠다. 그 이후 숲체험교육 마친 후에 아이들과 함께 식당에 가서 아이들이 좋아하는 짜장면 간식 등을 사 주면서 어울렸다.

아동들에게 있어 숲체험교육이 짜장면 한 그릇보다 덜 매력적이라는 사실은 나에게 무언의 많은 메시지를 전달했다. 더 나은 프로그램을 기획하기 위해서는 아동들이 처한 현실과 그들이 원하고 필요로 하는 것들에 대한 깊은 이해와 고민이 필요하다. 앞으로는 단순한 숲체험이 아니라 아동들의 삶과 환경을 배려하며, 그들이 자연과 소통할 기회를 제공하기 위해 더 나은 아이디어를 모색해야 한다는 것을 깨달았다.

숲체험교육을 다 마치고 헤어질 때 꾸준히 참여했던 아동 몇 명이 "선생님 너무 좋았어요. 잊지 못할 거예요." 말을 나에게 던졌다. 짜장면 맛이 좋아 잊지 못할 추억이 된 것인지 아니면 숲 활동이 좋아 잊지 못할 추억이 된 것인지 모르겠다.

한 가지 분명하게 확신하는 것은 아동들에게 숲 선생으로서 저희를 사랑하는 나의 진심이 저들에게 전해졌고, 그것이 그들이 마음속에 간직하고픈 경험이 아닐까 하는 생각이다.

생태숲 관리동 앞에 심어진 배롱나무 해설:
숲해설 초짜의 도발

육지의 기관이나 회사에서는 구성원들을 제주도에서 교육이나 연수를 받게 하고, 교육 연수 중이나 후에 제주도의 아름다운 자연을 탐방할 시간을 주곤 한다.

국토교통부 소속 공무원이 연수를 마친 후 숲 해설을 신청했다. 그래서 긴장한 상태로 3명의 숲해설가 전원이 대기하고 있었다.

저는 국토부에서 온 머리가 희끗희끗하며 나이가 한참 들어 보이는 공무원 한 분과 그의 보좌관, 그리고 그분들을 수행하는 한라생태숲 팀장, 이렇게 총 3명을 대상으로 숲 해설을 시작했다. 이번 주제는 "심기어진 나무는 심은 자의 의도에 충실하게 따라야 한다."라는 것이라고 소개했다.

한라생태숲의 나무 중 대부분은 마소 방목지에 심기어진 나무들로, 나무를 심을 때는 반드시 심은 이의 의도가 있음을 강조했다. 우리 인생도 어쩌면 심기어진 나무에 해당한다고 할 수 있으며, 심은 자의 뜻을 이루어야 한다는 점을 해설했다.

조금 고민한 끝에 나는 관리동 입구에 심어진 배롱나무에 대해 해설을 하기로 했다. 나는 물었다. "왜 관리동 입구에 배롱나무를 심었을까요?" 대답은 대체로 오랫동안 꽃구경을 위해 심었을 것이라는 의견이었다. 여름이 지나고 꽃을 접하기 힘든 시기에, 관공서를 드나드는 이들이 꽃을 보게 하려는 취지는 맞다.

하지만 배롱나무는 매년 자신을 감싸던 껍질을 벗고 매끈한 속살을 드러내어 청렴을 상징하는 나무로 알려져 있다. 이래서, 중국에서는 당나라 때부터 관청의 뜰에 흔히 심었고, 우리나라는 국가 공무원을 양성하는 향교나 선비들이 생활하던 서원의 뜰에도 배롱나무가 심었다.

이런 의미를 갖는 배롱나무를 관리동 입구에 심은 자의 의도는 무엇일까?
관리동을 출입하는 공무원들이 항상 배롱나무를 보면서 내면의 청렴 정신을 길러야 한다는 심은 자의 의도가 담겨 있다고 여겨진다. 하지만 이곳을 드나드는 공무원들이 그 의미를 알고 있는지는 의문이라고 해설했다.

팀장님만 조금 심각한 표정을 짓고 있지만, 다른 분들은 웃으며 해설을 들었다. 고위 공무원에게 공직자의 도리를 나무에 비유해 설명한 나의 시도는 다소 겁이 없었던 듯하다.

초짜 숲해설 동료들의 꽃샘추위 같은 갈등: 팀워크가 중요하다

초봄이 지나 따뜻해지고 꽃이 필 때쯤에 날씨가 일시적으로 추워지는 특이한 일기 현상을 '꽃샘추위'라고 한다. 이는 봄꽃이 피는 것을 시샘한다고 하여 칭한 말이다.

한라생태숲에서 근무할 때, 동료 4명 중 40대 나이의 경험자 1명을 제외한 3명(30대 초반 1명, 60대 2명)은 모두 숲해설가로서 첫 근무자였다. 나무와 풀들이 봄을 맞아 희망찬 꽃을 피우듯이, 초짜 숲해설가들도 식생을 조사하고 해설 자료를 모아 준비하면서 희망의 꽃들을 피웠다.

그러나 숲해설가들이 이러한 희망의 꽃들을 피워낼 때, 꽃샘추위와 같은 갈등이 동료들 사이에 생겼다. 각 개인이 숲해설을 할 때는 문제가 없었으나, 매월 1회 진행되는 토요 특별프로그램에서는 개인의 열정과 장점들이 상호 협력되어야 할 상황에서 협력이 이루어지지 않는 문제가 발생했다.

토요 특별프로그램은 세 사람 모두가 담당하지만, 프로그램 초안은 한 사람이 만들어 다른 숲해설가들과 논의하여 프로그램을 1차로 확정하였다. 이후, 한라생태숲의 주무관과 위탁업체 담당자, 숲해설가 연석 월례회에 보고하여 최종적으로 확정되고 실시하게 되었다. 이

연석 월례회에서는 그달의 프로그램 평가가 이루어지고, 다음 달의 프로그램 계획을 기획자에 의해 보고되고 토의되었다.

이 과정에서 특별프로그램이 숲해설가들의 개인 실력을 평가하는 자료로 변질하였고, 개인의 실력을 보여 줄 기회가 되었다. 초보 숲해설가들에게 특별프로그램은 막대한 스트레스를 유발하였고, 개인의 차이가 드러남에 따라 '너 어디 잘하는지 보자.'라는 비협조적인 마음이 싹틀 여지가 있었다.

숲해설가 동료들이 오랜 시간 의논한 결과 다음과 같은 원칙을 만들었다.
첫째, 우리 숲해설가는 하나의 팀이다. 일상의 숲해설 활동에서 동료 해설가 한 사람으로 인해 일어나는 민원은 그 해설가 혼자만의 문제가 아니라 우리 모두에게 해당하는 민원이다. 한 숲해설가가 칭찬받는 일은 우리가 모두 잘하여 칭찬받는 일이다.
둘째, 특별프로그램은 한 사람의 기획과 실행이 아닌, 모두가 기획자이자 실행자인 만큼 공동의 책임을 준다.
셋째, 특별프로그램을 확정하기 위해 토의할 때 의견이 일치하지 않는 부분은 최초 제안자의 의견에 따르기로 한다.

이러한 원칙을 만든 이후 팀워크가 좋아지면서 한 해를 잘 마무리할 수 있었다.

산림교육 모범 배우기
- 한남시험림(2019)

명품 숲 한남시험림에서 제주숲 숲해설가의 행복을 만끽

한남시험림은 인공림과 자연림이 조화를 이루며 아름답고 특별한 숲길을 제공하는 곳이다. 여름철인 5월 16일부터 10월 31일 사이에만 개방되며, 인원수가 제한되어 사전에 예약 후 탐방할 수 있는 점이 이 숲의 매력을 더욱 부각한다. 숲해설가로서 7년의 경험을 되돌아보며, 한남시험림에서 일한 시간은 나에게 숲해설 기본기를 다지는 행복한 해가 되었다.

명품 숲해설가들
조봉주(대표), 백복열(관리), 그리고 나(식생조사) 세 명의 숲해설가가 함께 일하며 업무를 분담했다. 부지런한 백 선생과 사리 판단이 분명한 조 선생의 협력 덕분에 제주 숲의 식생을 지켜보는 과정이 즐거웠다. 현장 경험이 풍부한 선배들과 함께하며 많은 것을 배우는 기회를 얻었고, 백 선생의 과학적 숲해설 방식과 조 선생의 아름다운 언어 구사하는 방식을 통해 더욱 성장할 수 있었다. 세 사람은 서로를 배려하며 훌륭한 팀워크를 이뤄 화기애애한 분위기 속에서 숲 활동을 할 수 있었다.

명품 숲 한남시험림

사려니오름을 포함한 사려니숲은 국립산림과학원 난대·아열대산림연구소에서 한남연구시험림으로 관리하고 있으며, 2017년에는 산림청에 의해 '보전·연구형 국유림 명품 숲'으로 지정되었다. 2019년 12월에는 국유림 명품 숲으로 다시 한번 선정되었다. 온대지역에서 자라온 나에게 난대지역 식물을 관찰하는 일은 큰 즐거움이었다. 홀로 숲길을 걷다 보면 노루와 마주치기도 하고, 가끔은 혼자서 넓은 숲속에 있는 소름 끼칠 듯한 순간들을 경험하기도 했다. 그러나 대부분의 순간에는 숲을 독차지한 듯한 가슴 벅찬 경험이었다.

명품 1,100도로 출퇴근

국내 국도 중 가장 높은 도로인 1,100도로는 한라산을 넘어가는 길로, 계절마다 변화하는 아름다운 풍경으로 제주의 드라이브 명소 중 하나이다. 아내가 서귀프자연휴양림 유아 숲에 근무하게 되어, 애월 하귀에서 1,100도로를 타고 한라산을 넘어 남원에 있는 한남시험림으로 출퇴근하게 되었다. 은퇴 후 부부가 똑같은 산림교육전문가가 되어 숲속에 근무하며 이 아름다운 도로를 이용해 출퇴근하는 즐거움을 누렸다.

〈숲해설가-백복열 조봉주 저자〉

산림교육전문가 할아버지 할머니 덕분에 자연 감수성이 풍부해진 손주들

아들 가족이 제주에 일주일 지낼 예정으로 제주도에 왔다.

아들이 집에 와서 하는 말이

"이번에 저희 가족이 제주도에 못 올 뻔했어요."
"아니, 무슨 큰일이 있었어! 왜?"
"아이들이 제주도에 안 가겠다고 해서요."
"제주도에 오는 것을 그렇게 좋아하던 아이들이 왜 제주도에 안 오려고 했을까?"
"봉봉봉이 때문에 그래요."
"아니, 봉봉봉이가 누구야?"

  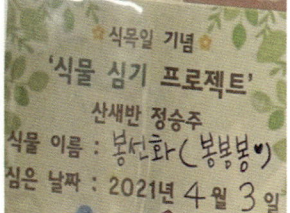

사정을 알아보니 이렇다. 손주가 다니는 어린이집에서 식목일에 나무 심기 행사로 화분에 흙을 담고 봉선화 씨앗을 심어서 집으로 가져왔고, 봉선화가 싹을 틔우자 아이들은 식물에 이름을 '봉봉이'라고 붙

여 주었다. 3개월 동안 물을 주고 가꾸었다. 봉선화는 자라면서 아이들의 친한 친구가 되었다. 그런데 1주일 동안 제주도로 여행을 가면 봉봉이는 물을 마시지 못하고 죽을 것인데. 콩봉이 때문에 그렇게 가고 싶은 제주도 할아버지 할머니 집으로 못 가겠다고 한 것이었다.

"그러면 봉봉이는 어떻게 하고 왔는데?"

"봉봉이 화분을 둘을 듬뿍 주고는 아파트 정원 그늘진 곳에 잘 모셔 두고 왔어요."

아들과 대화를 하면서 산림교육전문가로 손주들에게 선한 영향력을 끼친 것이 가슴 뿌듯했다.

손주들은 단순히 식물을 키우는 것이 아니라, 그 식물과의 애착을 통해 책임감과 사랑을 배우고 있었다. 손주들에게 봉봉이는 자연을 이해하고, 그 속에서 삶의 가치를 배우는 기회가 되었음을 깨닫게 해 주었다. 손주들은 자신이 사랑하는 존재를 돌보기 위해 제주도 여행의 즐거움을 포기하려고도 하는 희생의 치르고 한 것이 대견스럽다.

손주들이 할아버지가 숲해설가로 근무하고 있는 한남시험림에 와서 그날 버섯 재배하기 체험에 참여했다. 손주들이 자동으로 식물과 교감하게 된 것이 아니다. 할아버지와 할머니가 산림교육전문가이고 제주도에 올 때마다 제주의 숲에서 자연 체험한 바가 있고, 이것을 가정에서 실천되도록 부모의 지도가 있었기 때문이리라 생각된다.

손주들이 제주도 여행을 마치고 서울로 가자마자 봉봉이가 안전하고 한층 더 씩씩하게 자란 봉봉이 사진을 찍어서 보내왔다.

수백 년 한라산 중턱을 지켜 온 구실잣밤 어머니 나무

한남시험림 숲에 수백 년 이상 한라산 중턱을 지켜온 구실잣밤나무의 어머니 나무가 있다. 어쩌면 한남시험림에 사는 구실잣밤나무 대부분은 이 나무의 후손일지 모른다. 〈어머니 나무 이론〉을 주장하는 학자가 있다. 캐나다의 산림학자이자 자연보호론 자로서 산림 생태와 식물 지능에 관한 연구로 잘 알려진 수잔 시마드(Suzanne Simard)이다.

수잔 시마드는 《어머니 나무를 찾아서》라는 책에서 숲에는 어머니 나무가 있고 어머니 나무는 숲의 생태계에서 나무 간의 상호작용과 의사소통을 하는데 그 중심에 있다고 주장한다. 시마드의 어머니 나무 핵심 이론은 많은 나무는 뿌리를 통해 서로 연결된 균근(mycorrhizal fungi) 네트워크를 통해 의사소통하며, 이러한 네트워크는 나무들이 영양분과 수분을 교환하고, 생존 및 성장에 필요한 정보를 공유한다는 것이다. 특히, 어미 나무는 어린나무들이 성장하는 데 필요한 자원을 공급함으로써 숲의 생태계 유지에 이바지한다. 시마드는 숲이 단순히 나무들의 집합체가 아니라, 복잡한 상호작용과 의사소통이 이루어지는 생명체로서 기능하고 있음을 강조한다.

구실잣밤 어머니 나무야! 오래오래 살아 숲을 더욱 살찌게 해 줘!

숲에 오면 스트레스만 받는다는 산림학 분야 박사님

5월 녹색이 우거진 숲에 산림 분야에서 근무하는 박사님들이 단체로 방문을 하였다. 모두가 산림에 대한 박사님들이라 3명의 숲해설가가 큰 부담을 갖고 구역을 나누어 해당 구역의 식물에 대해 열심히 준비하여 숲해설을 하였다. 나는 숲해설을 마무리하면서 숲속에서 걷는 신체활동은 심혈관 건강을 개선하고 면역력 강화하며, 스트레스를 줄이고 심리적 안정을 제공하는 데 효과, 숲에서 보내는 시간은 집중력과 창의성을 높이는 데 도움이 된다고 열변을 토했다.

숲해설을 마치고 소감을 나누는 시간에 한 분이 이렇게 물었다.

"숲해설가 선생님! 나는 숲에 오면 스트레스가 생기는데 정말 숲에 오면 스트레스가 감소하고 심리적 안정을 얻게 되는가요?"

나는 한순간 당황이 되었지만 "숲에서 얻는 신체적, 정신적, 정서적 건강에 긍정적인 영향은 전문가들이 연구한 결과로 밝혀진 것입니다." 답을 하고 넘어갔다.

나중에 알고 보니 숲에 오면 스트레스가 된다는 분은 산림에서 문제가 생기면 그 문제를 해결하기 위해서 연구실에서 숲을 찾는 분이었다. 그러니까 숲에 오는 동기가 일 때문에 오는 것이요, 그 일도 문제가 발생하여 그 문제를 해결하기 위해서 오는 것이기에 숲에만 오면 스트레스를 받게 된 것 같기도 하다.

숲해설가인 나도 단순히 일(돈) 때문에 의무감 때문에 숲으로 출근하는 것이 되지 말아야지 하고 다짐을 했다.

〈코로나19 팬데믹 기간, 제주농업기술원에서 '창의와 행복의 숲' 제목으로 강의〉

3

산림생태 학습기
- 코로나19 팬데믹(2020-2021)

기적의 도서관 주관 '길 위의 인문학- 숲과 인문학' 화상강좌

- '숲네비게이션: 혼디 오몽 좋수다'(2020)
- '생존 투쟁의 전략과 공존의 지혜가 담긴 생명의 숲'(2021)

문화체육관광부가 주최하고 한국도서관협회가 주관하는 '길 위의 인문학' 공모사업이 있다.

길 위의 인문학 강좌 취지는 인문학과 지역문화가 만나고, 책과 길이 만나고, 저자와 독자가 만나고, 공공도서관과 지역주민이 함께하는 장을 만들어 가기 위함이다.

코로나19 팬데믹 영향으로 대면 강좌를 할 수 없고 비대면 화상 강좌를 해야 하여 제주기적의도서관에서 숲연구소 꿈지락에 도움을 요청하였다. 문화체육관광부의 길 위의 인문학 공모사업 주제는 지역사회 유적 인물 문화를 소재로 하여 인문학적 관점에서 더불어 사는 사회를 다루는 것이었다. 제안서를 제출하였더니 채택이 되어 2020년 2021년 화상 강좌(강사-정동락)와 거리두기를 하면서 현장 숲 탐방(강사-김난희 장민자)을 진행했다.

〈화상 강의 정동락〉

〈숲현장 강사 김난희〉

■ 2020 기적의 도서관 길 위의 인문학 강의 계획서

· **프로그램명**

숲 네비게이션: 혼디 오몽 좋수다(함께 움직이면 좋습니다)

회차 (날짜)	형식	소주제	내용 및 참고도서(번호는 도서)
1 (9/15)	화상 강의	숲은 유기체	숲네비게이션 프로그램 소개 생태의 의미(2) 숲 생명체의 우정 언어 사회복지(1)
2 (9/22)	화상 강의	연리목 평생 동행	숲사회성: 인공림과 천연림 비교(1) 人間: 사람과 사람 사이(관계) 연리목: 사랑나무, 부부나무 연리목 과정과 결과
3 (10/6)	숲탐방	생태숲 현장	한라생태숲 탐방
4 (10/13)	화상 강의	돌과 나무의 연합	삼다도 제주- 돌과 바람 문화 천년을 사는 느티나무 태풍을 견딘 나무와 쓰러진 나무 '낭은 돌 으지허멍 살곡 돌은 낭 으지허멍 산다'
5 (10/20)	화상 강의	나무 중의 나무	참나무 종류와 특징 제주의 참나무과 나무들 참나무(眞木)라 불리는 이유 참나무와 손기정 나무(대왕참나무)
6 (10/28)	숲탐방	제주숲 현장	한남시험림-사려니숲길 탐방
7 (11/3)	화상 강의	더불어 사는 나무	사람 人 - 너와 함께해야 참사람 너와 함께 살아가는 나무들 함께 하면 더 행복해

8 (11/10)	화상 강의	더불어 사는 숲	교목 관목 소관목 덩굴 지의류, 방선균류-숲의 인터넷
9 (11/18)	숲탐방	더불어숲 현장	서귀포자연휴양림 - 혼디 오몽 무장애 숲길 탐방
10 (11/24)	토의 (대면)	더불어 사는 지혜	숲에서 얻은 더불어 사는 지혜 - 가정, 직장, 지역사회, 제주도 "내일 지구의 종말이 온다고 하더라도 나는 한 그루의 사과나무를 심겠다" 마무리

· 주제 도서

1. 《나무수업》, 페터 볼러벤(장혜경 옮김), 이가
2. 《숲생태학 강의》, 차윤정, 전승훈, 지성사
3. 《나무철학》, 강판권, 글항아리
4. 《나무처럼 생각하기》, 자크 타상(구영옥 옮김), 더숲

제1장 좌충우돌 7년 숲해설 여정

■ 2021 기적의 도서관 길 위의 인문학 강의 일정표

· **프로그램명**

생존 투쟁의 전략과 공존의 지혜가 담긴 생명의 숲

회차 (날짜)	형식	소주제	내용	주제 도서
1 (4/20)	화상	숲과 우리는 하나	강사 참가자 소개 프로그램 진행 안내 생태의 의미 숲과 인간은 한 공동체	나무수업 숲생태학강의
2 (4/27)	화상	숲은 생존 투쟁의 현장	한정된 공간과 제한된 자원 생존 투쟁의 종류 나무의 투쟁 에티켓 무한 경쟁과 능력 위주 사회 능력 위주의 사회의 함정	숲의 생활사 신분피라미드 사회 엘리트 세습
3 (5/4)	화상	숲은 번식 투쟁의 현장	번식: 생명체의 존재 이유 식물의 번식 전략 저출산 고령화 문제 지방소멸(地方掃滅) 경고	나무 다시 보기를 권함 지방소멸
4 (5/12)	숲 탐방	투쟁의 숲 현장	**한라생태숲** - 숫모르숲길	생태숲
5 (5/18)	화상	공존: 나눔의 지혜	나무의 경제학 - 균형정책 나무의 사회복지 코로나19와 선진국 민낯	나무수업 숲의 생활사
6 (5/25)	화상	공존: 연합의 전략	나무가 폭풍을 견디는 전략 곶자왈 - 돌과 뿌리의 연합 용비어천가 - 뿌리 깊은 나무	나무 다시 보기를 권함 나무철학

7 (6/2)	숲 탐방	공존의 숲 현장	**사려니숲** - 아름다운 숲 전국대회(2011), 공존상 수상	
8 (6/8)	화상	비를 부르는 숲	물 공기 장소 - 히포크라테스 건강 요소 빗물을 정화 저장하는 숲 제주 삼다수는 공공재	나무의 말이 들리나요
9 (6/16)	숲 탐방	생명의 숲 현장	**교래자연휴양림** - 교래곶자왈	제주곶자왈
10 (6/22)	화상	제주의 허파	숲은 산소탱크 지구 온난화의 위기 2050 탄소중립 비전	숲이 희망이다 나무예찬
11 (6/29)	화상	투쟁의 전략과 공존의 지혜	고사목 이야기 숲에서 얻은 투쟁의 전략 숲에서 얻은 공존의 지혜 숲의 소중함	숲의 생활사

4

산림생태 경험기
- 제주국립산림생태관리센터(2022-2024)

산림생태가 담겨 있는 제2차 천이림

　제주 국립산림생태관리센터는 곶자왈, 산림습원 등 보전 가치가 높은 제주의 산림생태계를 보호하기 위해 2021년 11월에 개소되었다. 센터는 산림유전자원보호구역 확대 및 체계적인 관리를 통해 산림생물 다양성을 유지·증진하고, 산림생태·문화·교육공간으로서 대국민 산림서비스를 제공하며, 지역주민 일자리 창출 및 지역경제 활성화 등을 수행하고 있다.

　제주 국립산림생태관리센터 숲은 소를 방목하는 마을 공동목장 지에 산림녹화 사업의 하나로 1970년 초에 침엽수 곰솔, 삼나무, 편백을 조림한 후에 구실잣밤나무, 상수리나무, 종가시나무, 동백나무 등 활엽수들이 들어와 자연스럽게 이루어진 이차천이림이다.

　센터 숲은 50여 년 동안 사람의 관리 손길이 닿지 않은 자연의 숲으로 산림생태를 현장에서 관찰할 수 있다.

조림지 안에 늦게 들어와 생장하는 활엽수의 산림생태

침엽수가 이미 뿌리를 내리고 선점한 공간에 늦게 활엽수들이 들어와 생장하다 보니 광합성 경쟁을 하면서 햇볕이 드는 곳으로 비스듬하게 자라고 있다.

침엽수 사이에서 생장하는 어린나무들은 하늘을 보아야 살아남기 때문에 수목의 줄기를 키우는 직경생장보다는 수목의 잎과 줄기가 자라서 키가 커지는 수고생장에 집중해서 대부분 나무가 키만 훌쩍 키운 키다리 숲이다.

사람의 손길이 닿지 않는 숲의 산림생태

공원이나 휴양림 숲은 사람이 관리하기에 죽은 나무나 쓰러진 나무가 생기면 곧 광객들의 눈에 띄지 않도록 치워 버리거나 다시 심는다. 그러나 센터 숲은 강풍에 쓰러져 죽은 나무들, 강풍에 쓰러졌지만 이웃 나무줄기나 가지에 걸리어 운 좋게 살아남은 나무들, 기생하는 덩굴에 수관을 점령당하여 죽어 가거나 줄기(목)가 부러져 죽은 나무들을 쉽게 만날 수 있다.

농경문화와 목축 문화의 흔적이 많은 산림생태

제주의 다른 숲과 비교하여 센터 숲에는 유달리 돌담이 많다. 불에 탄 검은 흔적이 있는 나무들이 곳곳에 있는 것으로 보아 농경문화인

화전과 움막도 보인다. 한라산 위에서 해안으로 쌓아진 겹담이 보인다. 이것은 마을 공동목장의 경계 돌담이다. 우마차가 지나갈 넓이로 하례리 마을로 뻗어 있다. 이 길은 물통으로 이어지다가 마을로 내려간다. 아마도 조선시대 국영 목장 제9 소장 점마소가 하례리 직사에 있기 때문인 것 같다. 9 소장은 서호동 고근산에서부터 위미리 자배봉까지였으니 중앙정부의 점마별감이라는 관리가 내려와 국영 목장을 순찰하고 마필 수를 대조하는 일을 센터 숲 아랫마을에서 했으니 말을 임시로 가둘 수 있는 돌담 우리가 필요했을 것 같다.

제주 국립산림생태관리센터에서 3년 동안 연속 근무하면서 산림 생태를 관찰할 수 있는 기회를 가졌다. 이전 근무지 한라생태숲(2018년), 한남시험림(2019년), 서귀포자연휴양림(2020년)에서는 관리하고 있는 숲만을 경험했다. 그러다가 50여 년 된 자연의 숲을 접하면서, 나는 산림 생태계가 어떻게 서로 경쟁하고 공존하는지를 직접 관찰할 수 있었다.

이러한 경험은 내가 코로나19 시기에 화상 강연한 숲 생태에 대한 강의 내용을 현장에서 확인하는 기회가 되었다. 제주도에서 돌과 바람을 견디며 살아온 산림 생태계를 확인할 수 있게 된 것이다. 그래서 숲해설을 진행할 때, 단순한 정보 전달을 넘어 보다 넓은 생태적 이해를 바탕으로 한 해설을 가능하게 해 주었다. 또한, 산림 생태에 대한 통찰을 넓히는 데 중요한 기초가 되었으며, 자연과 사람 간의 조화로운 관계를 설명하는 데에 큰 힘이 되었다. 이처럼 깊은 관찰을 통해 얻은 지식은 나의 인문학적 숲해설 방식과 접근법에 지대한 영향을 미쳤다.

탐방자 중심 해설과 관련하여 진행된 사례

제주국립산림생태관리센터에서 근무할 때의 일이다. 2024년 11월 27일(수) 오후 2시에 숲해설 담당이 하루 전에 갑자기 나에게 배정되었다.

예약자에게 하루 전인 26일(화)에는 내가 담당자라는 사실을 문자로 알리고, 전화 통화를 하여 참가자들이 어떤 모임인지, 연령대는 어떻게 되는지, 센터에서 무엇을 얻기를 원하는지 알아보았다. 그리고 탐방객의 욕구에 맞춘 프로그램 준비에 최선을 다했다.

하지만 27일 당일 날씨는 심상치 않았다. 제주시는 많은 비가 내리고 있었고, 서귀포시는 때때로 가랑비가 조금 오고 있었다. 모두가 제주시에 거주하는 참가자들이기에, 날씨가 좋지 않은 상황에서 참가자들이 안심하고 올 수 있도록 오전 중에 "서귀포시는 가랑비가 지나가고 있으니 걱정하지 말고 오세요."라는 문자를 보냈습니다.

정오쯤에는 한라산에 눈이 내려 한라산 횡단 도로에 통행 제한이 있다는 교통 안내 문자를 보내고, 5.16도로 오는 길이 위험하니 남조로

〈2024년 5월 숲해설〉

를 이용하도록 알렸다. 그리고 센터에 도착하실 때는 차단기가 있지만, 센서가 감지하여 서서히 올라가므로 천천히 진입하라는 안내도 문자를 전달했다.

 탐방객을 만나 인사를 나눌 때 탐방객 중 한 분이 이렇게 말하였다. "저 자신도 해설가로 일해 본 경험이 있어 해설가의 심정을 잘 이해합니다. 날씨가 좋지 않으면 탐방객이 오지 않았으면 하는 마음이 들기도 하는데, 이렇게 적극적으로 올 수 있도록 여러 번 문자로 자세히 안내해 주시고 이렇게 환영해 주시니 너무나 감격스럽습니다."

〈2025년 4월 숲해설〉

   이 이야기를 듣고, 내가 한 작은 배려와 노력이 얼마만큼의 의미를 가질 수 있는지를 새삼 깨닫게 되었다. 날씨와 교통으로 걱정할 필요 없이, 안전하게 그리고 즐겁게 숲을 탐방할 수 있도록 안내해 준 것 역시 숲해설가로서 중요한 역할이라는 것을 다시금 느꼈다.

5

산림복지 서비스기
- 사회적협동조합 설립과 발달장애 아동 대상 숲활동
(2023-2024)

와랑와랑숲사회적협동조합 설립 동기

"우리는 돈을 쓰면서 숲에 오지만 해설가님은 돈을 받으면서 숲에 와서 하루 내내 계시니 참 부럽습니다." 숲을 찾는 이들에게 필자가 자주 듣는 말이다. 은퇴 후 숲해설가가 되어 숲에서 근무할 수 있다는 것은 은퇴자들에게 있어서 꿈같은 소망이다. 문재인 대통령도 "인생을 다시 산다면 숲해설가가 되고 싶다. 나무를 전공으로 자연 속에서 살고 싶다."라고 말했다고 하니 말이다.

숲해설가는 자연환경을 보전하고, 생태계의 중요성을 알리는 중요한 역할을 담당하고 있다. 직업으로서 숲해설가의 유익은 다음과 같이 요약할 수 있다.

첫째, 자연과의 연결이다. 숲해설가는 자연 속에서 일하는 만큼, 생태계 및 다양한 식물과 동물에 대한 깊은 이해를 가질 수 있다. 이는 개인의 삶의 질을 높이고, 생태적 인식을 향상시켜 삶의 의미를 갖게 하는데 긍정적인 영향을 미친다.

둘째, 지식 전달이다. 숲해설가는 방문객들에게 숲 생태계의 중요성과 기후위기에 대해 설명한다. 이를 통해 사람들이 자연을 이해하고 보호하려는 의식을 높이는 데 기여한다. 이 과정은 숲해설가에게 큰 보람을 안겨 준다.

셋째, 사회적 교류이다. 다양한 사람들과의 교류를 통해 사회적 연결망을 확장할 수 있다. 자연을 사랑하는 사람들과 함께 활동하며 소통할 수 있어 개인적인 만족감도 증가한다.

넷째, 정서적 안정이다. 숲속에서 활동하는 것은 스트레스 감소와 정서적 안정에 큰 도움이 된다. 숲속의 평온함은 마음의 짐을 덜어 주고, 일상의 스트레스를 해소하는 데 기여한다.

다섯째, 신체적 건강 증진이다. 숲에서 보내는 시간은 면역 체계를 강화하고 전반적인 건강을 증진하는 데 도움이 된다.

다섯째, 창의성 향상이다. 자연 속에서의 활동은 창의력을 자극하고 새로운 아이디어를 얻는 데 도움을 준다. 이는 개인적으로나 직업적으로 성장하는 기회를 제공한다.

결론적으로, 숲해설가라는 직업은 자연과의 밀접한 관계를 유지하면서 동시에 자연 교육적 역할을 수행하는 의미 있는 직업이다. 이러한 다양한 유익들은 숲해설가가 단순한 직업을 넘어, 자연과 인류의 조화로운 공존을 위한 중요한 사명임을 보여 준다.

동료들과 매년 취업 경쟁을 해야 하는 고통

산림교육전문가(숲해설가)가 근무하려면 산림복지전문업체에 속하여 취업 경쟁을 매년 해야 한다. 그러다 보니 어제의 직장 동료가 오늘의 경쟁자가 되어 경쟁하고 취업 경쟁에서 탈락하게 되면 마음에 큰 상처를 갖게 된다. 아니 숲에서 행복하자고 근무하는데 숲에서 불행을 경험하게 되는 일이다.

와랑와랑숲사회적협동조합이 탄생하게 된 배경은 이러한 숲해설가들이 겪는 고통에서 벗어나기 위해 시작되었다.

2018년, 한라생태숲에서 함께 근무했던 강미선 선생이 숲해설가들이 경쟁하지 않는 숲 활동, 숲을 찾는 이들과 숲교육 강사가 모두 행복해 할 수 있는 작은 숲을 찾아보면서 만남이 시작되었다. 숲활동을 하려면 숲활동을 추진하는 단체를 만들어야 하는데 나로 하여금 그 단체를 이끌어 갈 지도자가 되어 주기를 바랐다. 아내와 의논하면서 고민 끝에 내린 결정은 돈을 벌기 위한 영리 목적의 숲 단체를 만드는 것이 아니라 제주 사회에 봉사하기 위해 비영리 숲 단체를 만든다면 참여하고 리더로 봉사할 수 있다고 하였다. 흔쾌히 강 선생이 좋다고 하여 그러면 어떤 방법이 있을까 숙의 끝에 사회적협동조합을 만들기로 하고 절차를 밟아 와랑와랑숲사회적협동조합을 설립하게 되었다. 사회적협동조합의 이사진이 숲전문가로만 있는 것이 아니라 제주 지역사회에서 한몫을 담당하고 있는 분들로 구성된 것이 자랑스럽다. 와랑와랑은 제주어로 '왁자지껄 떠드는 모양새' 또는 '소리가 매우 크게 울리다'라는 뜻이다. 또한, '어떤 사물이 풍성하게 매달려 있거나 모여 있는 모양'을 뜻하기도 한다.

와랑와랑숲사회적협동조합 비전 선언문

미션(mission)
누구나 쉽게 누릴 산림교육을 통한 자연과 모든 사람이 행복한 세상.

비전(vision)
모든 세대에게 숲체험 활동을 통해 창의성과 자율성을 기르고 배려와 소통하는 인성을 소유한 민주시민으로 육성하여 더불어 사는 행복한 사회구현.

핵심가치(core value)
생태, 지역사회공헌, 창의성, 인성, 행복

목표(goal)
- 취약계층 산림교육 강화
- 연령별 맞춤형 프로그램 운영
- 제주인의 자부심 향상과 행복감 증진
- 산림교육전문가 일자리 창출

추진계획(promotion plan)

1. 숲체험 현장 인프라 발굴 및 조성
    - 접근성이 높은 마을(도시) 숲교육 현장 발굴 및 조성
    - 장애인 접근성 높은 숲 발굴 및 제안
2. 취약계층 산림복지 접근성 강화 및 특화된 프로그램 개발
    - 취약계층 산림교육 참여 기회 확대
    - 장애인 산림교육 프로그램 운영 및 개발
    - 중독 우울 ADHD 숲치유 프로그램 운영
3. 콘텐츠 다양화를 통한 맞춤형 산림교육서비스 제공
    - 수요자(연령별) 중심의 맞춤형 프로그램 개발
    - 숲현장 맞춤형 프로그램 개발
    - 복지시설(교육현장) 찾아가는 산림교육
    - 취약계층 산림교육인증 프로그램 개발
4. 산림교육전문가 전문역량 강화 및 일자리 창출
    - 역량강화 위한 자원봉사 실습 현장 제공
    - 산림교육 프로그램 개발 일자리
    - 취약계층 대상 전문 산림교육전문가 양성
5. 유관기관 협력 및 산림교육 네트워크 구축
    - 비전에 동참하는 유관기관과 협력
    - 공개된 프로그램 개발과 개발된 프로그램 공유 네트워크 구축
6. 연령과 대상에 맞는 숲체험학교 조합 설립(협력)
    - 연령별 숲학교를 연결한 생애주기에 맞는 숲학교 조합 설립

- 취약계층에 특화된 숲학교 조합을 설립

와랑와랑숲사회적협동조합 로고

협동조합의 비전에 맞는 로고가 필요하여 평소에 알고 지내던 메스매스에이지 박명천 대표에게 의뢰했더니 흔쾌히 디자인해 주었다. 그뿐 아니라 본인이 대표로 있는 제주양떼목장을 발달장애 아동을 위한 숲체험 교육에 무상으로 이용하도록 장소도 제공해 주어 발달장애 아동을 위한 단독의 숲이 준비되고 안전하고 알찬 숲체험 교육을 2년 동안 시행할 수 있었다

와랑와랑숲사회적협동조합 꿈
- 발달장애 성인 더상 숲 주간활동서비스센터 운영

장애인 복지는 서비스 차원이 아닌 인권 차원에서 추진

우리 사회에 각 분야에서 인권에 대한 이해와 관심이 필요한 분야가 많지만, 장애인에 대한 복지 시책은 더불어 살아가기 위한 사회적 가

치이다. 시각장애인으로 최초 대학교수가 된 고 이익섭 교수는 "장애인에 대한 복지는 서비스 차원이 아닌 인권 차원에서 실현되어야 한다."라고 주장했다.

발달장애인이 고등학교를 졸업하면 이제부터는 24시간 보호자가 전담해야 하는 실정이다. 물론 발달장애 성인을 위한 발달장애인지원센터가 있어서 주간 활동 서비스를 제공하고 있지만, 필요에 따른 수요는 태부족하다. 또한 주간 활동 서비스 시설은 실내 중심이 대부분이다.

발달장애인 전용 숲 체험교육장 운영

발달장애인 주간 활동 서비스 시설을 이용하는 장애인이 숲에 와서 두세 시간 숲 활동을 할 수 있다면 또한 장애인 전문 강사가 전문 프로그램을 갖고 숲 활동을 시행할 수 있다면 얼마나 좋을까 하는 꿈이 있다. 더불어 숲에 와서 목공작업을 해서 만든 물품을 판매하여 수익을 내고 그 수익을 장애인에게 돌아가게 하면 일거양득이 아닐까?

이제부터 산림에 신설되는 산림복지시설에는 남녀노소, 비장애인과 장애인이 모두 이용할 수 있는 범용 디자인이 적용되고 특별한 숲 체험 공간이 배치되었으면 하는 바람이 간절하다.

한 사람이 꾸면 꿈으로 끝나지만 모두 함께 꾸면 현실로 가꿔낼 수 있다.

산림청 취약계층 녹색자금 사업 수행

산림청 녹색자금 사업으로 취약계층 대상 숲체험교육에 제안서가 채택되어 2023년에 '특별한 애들아 더불어 숲을 이루즈-.", 2024년에 "발달장애 아동과 그 가족이 한마음 한가족 됨을 이루는 힐링숲" 시행할 수 있었다.

와랑와랑숲사회적협동조합이 발달장애아동 대상 숲체험교육을 하게 되었는지 그 동기를 숲체험교육에 참여한 가정에 보낸 제1호 가정통신문(20230313)에서 잘 알 수 있다.

가정통신문 23-1
(20230313)

2023년 숲체험교육에 참가한 발달장애 아동 보호자님께

　산림청(한국산림복지진흥원)이 주최하고 와랑와랑숲사회적협동조합이 시행하여 복권기금으로 운영되는 2023년도 숲체험교육사업에 참가해 주신 여러분을 환영합니다.

　저희 진행팀들은 제주양떼목장에서 아동과 첫 만남을 가슴 설레며 기다리고 있지만 모든 것이 처음으로 시행하는 숲체험교육인지라 약간의 두려움이 있습니다. 그래서 첫 모임에서 전달하고픈 저희의 심정을 가정통신문으로 전하는 것이 더 효과적이라 생각되어 감사와 환영의 인사말과 함께 협조의 말씀을 드리려 합니다.

 # 아동기 때 자연 활동은 성장발달에 중요

　여러분은 참 어렵고도 유익한 결정을 했습니다. 왜냐하면 아동기 장기 숲체험교육 활동은 전인적으로 건강한 성장발달과 치유의 효과가 있다는 것이 이미 과학적으로 입증되었기 때문입니다. 그러기에 여러분이 매달 1회씩 5회 경험하는 숲체험과 1박 2일 한마음한가족 힐링캠프 활동을 자연을 경험하고 식물과 동물과 교감하며 동료와 이웃에 친숙함을 경험하는 놀라운 체험과 성장의 시간이 되리라 기대하고 확신합니다.

먼저 와랑와랑숲사회적협동조합을 소개합니다. 본 협동조합은 사회적 약자와 취약계층을 중점 대상으로 산림복지서비스를 제공하여 모든 사람이 행복한 세상을 만들기 위해 2022년 5월에 산림청으로부터 인가를 받아 설립된 비영리법인입니다.

장애인들에게 문턱이 높은 숲교육 현장

협동조합의 대표인 제가 2018년부터 산림교육전문가(숲해설가)르 한라생태숲, 서귀포자연휴양림한남시험림 등에서 산림복지서비스를 제공하는 일을 했습니다. 수년간의 경험에서 깨닫고 발견한 것은 장애인 등 취약계층에게 있어서 산림복지서비스는 그림의 떡일 뿐이라는 것입니다.

그 원인은 다음과 같습니다.

첫째, 산림복지가 시행되는 숲 현장은 아직도 장애인들이 접근하기에는 장애가 많습니다.(장애인 숲접근성의 장벽)

둘째, 정부(산림청)에서 장애인을 바롯한 취약계층에게 많은 산림복지를 제공하고자 하여도 정부의 지원을 연결하여 복지를 시행할 수 있는 산림복지정책을 시행하는 법인이 제주도에는 부족합니다.(산림복지 유통의 장벽)

셋째, 장애인을 대상으로 하는 특성화된 산림 교육 전문프로그램이 개발되어 공개되고 있는 것이 아직도 미미합니다.(장애인 대상 산림교육 프로그램의 장벽)

2022년에 산림청의 인가를 받은 본 조합의 첫해 사업은 발달장애 아동과 그 가족에게 산림복지 서비스를 제공하는 사업 '특별한 애들아, 더을어 숲을 이루자.'입니다.

　이처럼 본 조합이 시행하는 첫 사업을 발달장애 아동으로 정하게 된 것은 조합 대표인 저의 특별한 사연과 조합 임원진의 적극적인 관심이 있기 때문입니다. 조합 대표인 제가 1980년 대에 제주에서 직장생활을 하면서 발달장애를 가진 특별한 유아를 만난 경험이 있습니다. 그때 그 유아의 특별함과 그 부모님의 고통을 가슴으로 느꼈고 지금도 잊지 못하고 있기 때문입니다.

　이제 와랑와랑숲사회적협동조합이 발달장애 아동과 가족을 위한 산림복지서비스에 앞장을 서겠습니다. 장애인을 비롯한 취약계층에게 지원되는 정부(산림청)의 산림복지 지원의 통로가 되는 조합, 특별한 아동을 대상으로 하는 숲체험교육의 전문성을 가진 조합이 되겠습니다. 그리하여 제주도 발달장애 아동과 그 가족으로부터 사랑받는 조합이 되겠습니다.

발달장애 아동을 대상으로 하는 숲체험교육의 지속 발전 방안
　발달장애 아동 대상의 숲체험교육 사업이 한 해만 시행되고 끝나는 사업이 아니라 매년마다 연속적으로 시행되고 좀 더 많은 아동이 정부(산림청)의 산림복지 혜택을 받을 수 있도록 여러분의 적극적인 협조가 필요합니다.
　그것은 모든 회차에 빠짐없이 참가해 주시는 것입니다.(모든 프로그램에 참가하는 가정에는 본 조합에서 특별한 기념선물을 드립니다)

숲체험교육 현장은 모두가 첫 경험 - 오직 사랑으로

산림청 지원으로 발달장애인을 대상으로 하는 연속적인 숲체험 교육은 제주도에 처음으로 시행되는 것으로 알고 있습니다. 숲체험 활동을 처음 경험하는 아동도 있고 특별한 아동을 대상으로 숲교육을 처음 진행하는 강사도 있는지라 여러 가지 시행착오가 있고 많은 어려움이 있으리라 생각됩니다. 그렇지만 발달장애 아동을 사랑하는 마음으로 이 사업을 시작했기에 저희 강사진과 자원봉사자 모두가 변치 않는 사랑으로 여러분을 섬길 것입니다.

이번 사업 강사진들은 수년간 숲교육 현장에서 경험한 유능한 강사들이며, 매 수업 시에 특수교육 교사가 동행합니다. 또한 자원봉사자로 지원한 분들 중에는 아동 교육현장에 근무한 경험 있는 분도 있습니다. 본 조합 이사진 강사진 자원봉사자 모두가 여러분의 행복한 숲체험 활동을 위해 최선을 다하겠습니다.

사적인 숲에서 공적인 숲으로 점진적 적응

자연의 숲을 처음으로 경험하는 발달장애 아동에게 적합한 숲교육 현장은 예측할 수 없는 외부의 자극이 있는 개방된 숲보다는 외부의 자극이 제한된 사적인 숲이 필요합니다. 이번에 제주양떼목장 대표님이 저희 조합의 선한 취지에 공감하고 발달장애 아동을 사랑하는 마음으로 입장료도 받지 않을 뿐 아니라 동물교감체험을 할 수 있는 먹이도 무료로 주시기로 했습니다. 또한 숲체험에 함께하는 참가자 강사 자원봉사자에게 목장카페 커피를 50% 할인해 주기로 했습니다. 이 자리를 빌려서 제주양떼목장 대표님께 감사를 드립니다.

　3월부터 9월까지 7개월 동안 진행되는 숲체험교육의 숲은 사적인숲(제주양떼목장)에서 보다 덜 공개된 숲(삼다수숲길)으로 그리고 완전히 개방되고 많은 사람들이 찾는 숲(한라생태숲)으로 점진적으로 숲체험 장소를 변화시켜서 우리 아동들이 무리 없이 자연에 친숙함을 갖도록 할 것입니다.

　다시 한번 "특별한 얘들아, 더불어 숲을 이루자." 이 사업에 참여하신 여러분 진심으로 환영합니다. 3월 18일(서귀포시팀), 25일(제주시팀)에 있을 숲체험교육 오리엔테이션 시간에 뵙겠습니다.

　　　　　　　　　　　　　　　　　와랑와랑숲사회적협동조합 대표 정동락 드림

좌충우돌 발달장애 아동 숲체험교육 현장

　발달장애 아동과 그 가족을 대상으로 하는 숲체험교육을 실행하기 전에 나는 장애인 대상 숲체험교육을 어떻게 하면 좋을지 산림청에서 진행하는 특별 교육을 받기도 하고 특수교사와 의논하여 여러 가지 일어날 상황에 대해 대비를 했다.
　그러나 첫 숲체험교육을 진행 후 나를 비롯한 강사들 모두 정신적 혼란이 왔다.
　첫째, 발달장애와 지체 장애 등 복합장애를 갖고 있는 아동이 있어서 이동하는 동선에 제한이 생겼다.
　둘째, 진행 중에 낙오하는 특별한 아동 한 명, 한 명을 전담할 봉사자가 예비되어야겠다.
　셋째, 준비된 프로그램을 진행하면서 아동의 관심사가 너무나 달라 함께 진행하는 어려움이 생겼다.
　넷째, 보호자 한 사람이 발달장애 쌍둥이 자녀를 데리고 숲체험에 참여하게 되었다. 보호자 한 사람이 두 명의 장애 자녀를 보호해야 하고, 두 명의 아동이 서로 감정이입이 되어 행동하는지라 현장에서 특수교사의 역할이 너무나 중요했다.
　이러한 문제들을 해결하기 위해 복합장애 아동을 배려한 이동 동선을 조정했다. 특수한 지원이 필요한 아동에게는 한 명의 전담 자원봉사자가 반드시 동반해야 하며, 이들은 사전에 교육을 받고 아동의 필요를 파악하는 데 도움을 줄 수 있도록 해야 했다. 각 아동의 관심사에 따른 백화점식 숲체험 장소를 만들어 진행했다. 쌍둥이 아동의 경우 감정이입 문제와 진행 차질이 있을 수 있으므로 특수교사가 전담으로 담당하게 했다.

  발달장애 아동과 함께하는 숲체험교육은 힘들었지만 아동이 즐거워하고 변화되어 가는 모습을 보면서 보람을 느꼈다.

2025년 숲체험교육 제안서 탈락
– 울고 싶은데 뺨 때려 준 산림청

  2년 동안 발달장애 아동을 대상을 하는 숲체험교육 활동은 진행하는 강사에게나 행정을 맡아 예산을 관리하고 집행하는 나에게 많은 스트레스와 부담감이 따라 힘들었다. 보호자들이 강사와 자원봉사자들의 노력을 당연하게 여기며 요구 사항이 늘어나는 것은 매우 힘들었다. 물론 강사는 강사비를 받고 하는 일이오 나라에서 돈이 나와서 사업을 추진하는 일이지만 말이다.
  2025년 사업으로 산림청에 낸 제안서가 채택되지 않았다. 힘들어 그만두고 싶었는데 우리가 스스로 그만둔 것이 아니라 산림청 새로운 기준에 따라 뺨을 때려 준 것이니 울고 싶을 때 울었지만 기분은 별로 좋지 않았다.

발달장애 아동 공모 심사 – 기울어진 운동장에서 경주하기

  숲체험교육을 담당하는 주무관이 2024년부터 효과검증형과 체험확산형으로 구분하여 공모하니 우리처럼 한 집단을 데리고 8회 이상 숲활동을 하는 와랑와랑숲사회적협동조합은 효과검증형에 해당되므로 효과검증형에 지원을 해야 할 것이라는 말을 들었다. 그러면 발달장애 아동 대상 숲체험교육 효과검증은 어떤 방법 도구가 있는지 알고 싶어서 산림치유지도사 양성과정에 들어가 발달장애 아동 산림치유 효과검증도구를 찾았지만 발표된 검증 도구는 없었다.

발달장애 아동을 대상으로 숲체험교육을 하고 효과검증을 하려면 먼저 아동의 행동, 감정, 반응 등을 평가하기 위한 관찰 평가지를 만들기 위해, 먼저 어떤 측면에서 아동을 평가하고 싶은지 구체적으로 관찰 문항을 만들어야 했다. 그다음 개발한 관찰 평가 문항을 발달장애 아동에 대한 이해가 깊은 전문가나 특수교육 관련 연구자와의 논의를 통해 문항의 타당성을 평가받아야 했다.

발달장애 아동을 대상으로 하는 숲체험교육의 효과를 검증하는 과제와 관련하여 현직 특수교사와 상의해 보니 현직 특수교사님 말씀이

"숲해설가 선생님! 한 달에 한 번 10회 교육 모임으로 발달장애 아동의 변화를 측정할 수 있을까요? 학교에서 1년을 해도 교육 효과를 측정하기가 힘든데요. 숲체험교육의 대상이 누군가요? 발---- 달---- 장---- 애---- 아동이 아닌가요!"

발달장애 아동의 변화는 정말 더디다고 한다.

그래서 효과검증형이 불가하다면 체험확산형으로 지원을 해야 하는데 확산형은 매번 다른 대상으로 숲체험교육을 해야 한다. 발달장애 아동은 새로운 환경에 적응하는 것이 더디어 한번 활동하고 그것으로 끝이라면 그 아동은 숲에 적응하느라 스트레스만 받고 돌아가는 꼴이 될 것이 분명하다.

그래서 2025년도 체험확산형 사업에 지원을 했다. 체험확산형에서 요구하는 숲체험 방식이 아니라 탈락이 된 것으로 추측이 된다.

어쨌든 새롭게 변화된 공모사업 기준은 발달 장애아동에게는 기울어진 경기장에서 경주하는 일이 분명하다.

그럼에도 발달장애 아동을 대상으로 하는 숲체험 활동을 멈출 수 없어서 2025년도에는 즈합의 예산이 없음에도 불구하고 한 반을 모집하여 사업을 진행하고 있다.

⟨2025년도 발달장애 아동 모집 안내문⟩

발달장애 아동 대상 숲 체험 활동을 중단할 수 없는 이유

아동들은 놀이를 통해 성장하고 많은 사회적 기술을 습득합니다. 오늘날 아동들은 대부분 신체 활동을 통한 놀이를 위해 실내외 놀이터나, 학교 운동장 등을 이용하면서 또래들과 상호작용 하면서 놀이를 하고 있습니다.

그러나 특별한 아이들의 놀이 활동은 제한적입니다. 특히 자연에서 숲놀이를 할 기회는 더더욱 적습니다.

그래서 와랑와랑숲사회적협동조합은 산림청의 지원을 받아 특별한 아동들과 함께 2023년, 2024년 2년 동안 숲 활동을 했습니다. 2025년에는 산림청 지원이 없지만, 발달장애 아동 대상 숲 활동을 멈추지 않고 이전과 같이 숲 활동을 진행하려 합니다. 우리 조합이 예산과 인력을 투입하여 발달장애 아동 대상 숲 활동을 멈추지 않는 가장 큰 이유가 있습니다. **그것은 숲 놀이 활동을 통해 아동들이 정서 조절 능력을 키우고, 아동들이 사회적 기술을 개발하고 관계성을 발달시키며 성장하는 것을 눈으로 보고 경험했기 때문입니다.**

⟨숲에서 경험한 발달장애 아동들의 성장 사례 한 가지를 예로 들어 보겠습니다.⟩

　특별한 아동들이 숲 체험 활동을 하는 장소에 왕소나무에 달린 한 개의 그네가 있었습니다,

　특별한 아동들이 하나뿐인 그네를 서로 타려고 떼를 쓰기도 하고 서로 다투기도 했지만 숲 교육 강사에 의해 차례차례로 열 번씩! 떼를 쓰며 더 타고 싶은 아이에겐 한 번 더 열 번씩! 그네 타기를 진행했습니다. 비록 한 달에 한 번뿐이지만 그네 타기는 재미있게 진행되었습니다.
　그러면서 특별한 아동들은 자기의 욕구를 자제하고, 자기 차례를 기다릴 줄 아는 아이로 성장했습니다.
　보호자가 옆에 없어도 숲 활동을 할 수 있었습니다.(보호자는 카페에서 휴식을 취하고) 그뿐 아니라 옆자리를 양보하여 어린 친구와 함께 그네를 탈 수 있었습니다.

    자연 속에서 오감 활동의 숲 놀이를 통해 아동들이 성장발달을 한 증거가 아닐까요?

    그래서 발달장애 아동 대상 숲체험교육 활동은 중단할 수 없습니다.

2024. 12. 5.
와랑와랑숲 사회적협동조합 대표 정동락

사랑스런 '특별한 친구들'과 함께한 에피소드

음악이 나오면 흥겨워 춤을 추는 아이들!

어른이나 아이들이나 모두 즐겁게 참여하는 소통의 매체는 음악이다. "숲에 와서 놀자 씩씩하게"를 처음 시작하여 "숲 대문을 열어라", "모이자, 친구들아, 모이자. 모이자, 선생님께 모이자." 1박 캠프 때 어둠이 내리면서 시작될 숲속 음악회 때는 음악과 함께 자유롭게 몸을 흔들며 춤을 추는 아이들!

너무나 자유로운 영혼들

숲에 오기만 하면 계속해서 잔디광장을 뛰어다니는 아이! 숲 강사들은 이 아이를 자유로운 영혼이라 불렀다. 울퉁불퉁한 돌길을 걷기를 무서워하는 아이! 공간 개념이 없어서 앞이 낭떠러지인 줄도 모르

고 달려가는 아이! 개구리알을 입에 넣어 맛을 보려고 하는 아이! 한순간도 잠시 앉아 집중하기 힘든 아이! 모두 다 사랑스러운 특별한 아이들이다.

숲에서 하는 모든 체험은 두렵고 놀라운 첫 경험

올챙이가 꼬물꼬물 노는 모습을 신기하게 쳐다보며 무서워하다가 올챙이와 친해진 다음에는 손을 물에 넣어 잡으려 한다. 양들이 무서워 가까이 가서 먹이를 주지 못하고 멀리서 던져 주던 아이들이 나중에는 먹이 먹는 양의 머리를 만지려 하기도 한다. 어린 토끼를 처음에는 무서워 가까이하지 않다가 몇 번 만져보면서 두려움이 사라지고 품에 안아보는 아이도 있지만, 끝까지 무서워하며 만지지도 못하는 아이도 있다.

"나도 할 수 있어요' - 꿈을 심는 숲속음악회

특별한 아이들과 부모에게 꿈을 심어주기 위해 1박 숲캠프 때에 제주도에서 발달장애인으로 구성된 하음오케스트라를 초청하여 숲속음악회를 열었다. 숲체험교육에 참가한 특별한 아이들과 그 가족, 오케스트라단원, 자원봉사자, 150여 명이 동원된 음악회와 숲활동은 맑은 날씨 속에서 잘 마쳤다. 참가한 모두에게 감동과 희망을 준 음악회였다.

"숲 할아버지는 우리 집 할아버지와 달라요"

노인 자원봉사자들이 크게 감동한 한마디이다. 1박 캠프를 마치고 둘째 날 점심을 함께 먹을 때 한 아이가 엄마에게 한 말이다. "우리 집 할아버지는 집에서 이것도 안 돼, 저것도 안 돼. 못 하게 하는데 숲 할아버지는 달라요." 이 말을 듣고는 기쁘면서도 한편으로는 가슴이 먹먹했다. 같은 할아버지로서 발달장애 손주를 둔 할아버지의 마음을 느껴 볼 수 있기 때문이다.

노인 자원봉사자들이 발달장애 아동에게 노인에 대한 이미지를 긍정적으로 형성하는 기회가 되고 있기에 기분이 좋았다.

내 손주 같은 특별한 아이들에게 어떻게 하는 것이 바르게 사랑하는 것인지? 끊임없이 제기되는 과제이다.

〈성읍 팽나무〉

제2장

뉴 노멀 시대 숲해설
- 테마 중심 인문학적 숲해설

〈구좌 동복리 팽나무〉

숲해설의 6가지 원칙

숲해설 현장에서 가끔씩 되새김질해 보는 것이 숲해설 양성과정에서 감동적으로 들었던 프리먼 틸튼의 해설의 6가지 원칙이다. 그는 해설학의 아버지로 불리며, 해설의 기본 원칙을 정립한 해설가이다. 그의 저서인 《우리 유산의 해설》은 '해설의 성경'이라고 불린다. 그는 《우리 유산의 해설》에서 해설의 6가지 원칙을 정의했는데 이 원칙에 기초해서 생명의 숲 교재편찬팀이 《숲해설 아카데미》(2015)에서 숲해설을 기획하고 실행하며 평가하기 이전에 반드시 숲해설의 6가지 원칙을 숙지하라면서 다음과 같이 정의했다.

숲해설의 6가지 원칙

① 숲해설은 방문객의 사전 경험과 연결되어야 한다

방문객이 감동받고 쉽게 이해하길 원한다면 숲해설 주제와 내용이 방문객의 숲에 대한 지식 경험과 연결되어 있어야 한다. 따라서 해설가는 방문객에 대한 정보를 얻기 위해 노력해야 한다. 예를 들어 어촌

주민들이 단체로 숲을 방문한다면 그에 맞는 해설을 준비해야 한다.

② 숲해설은 지식이나 정보를 전달하되 그 이상이어야 한다

숲해설은 숲 생태계를 구성하는 다양한 요소에 대한 지식과 정보를 전달하는 과정이다. 그러나 숲해설은 단순한 지식, 정보의 전달을 넘어 방문객이 숲과 관계를 형성하고 그 속에서 의미를 발견할 수 있도록 도와주어야 한다. 숲해설은 나무 이름 가르쳐 주기 이상이어야 한다.

③ 숲해설은 통합적이어야 한다

숲해설 소재는 자연, 과학, 역사, 문화, 건축 등 다양한 분야를 포함해야 하며 이러한 다양한 분야의 내용이 서로 어떻게 연관되는지를 밝히는 것이 좋다. 하나의 주제를 정해 흩어진 자원들을 하나의 실로 꿰는 주제해설이 좋은 방법이다.

④ 숲해설의 교육적 효과는 방문객의 관심과 흥미에 의존한다.

자신이 의도한 교육적 효과를 거두기 위해서는 방문객의 관심과 흥미를 끌 수 있는 주제와 방법을 택해야만 한다. 전달할 내용을 지나치게 강조하면 방문객은 따분하고 어렵다고 느끼기 쉽다는 점을 기억해야 한다.

⑤ 숲해설은 나무와 풀을 넘어 숲을 다루어야 한다

숲에 가면 제일 먼저 눈에 띄는 것이 나무와 풀이다. 그러나 숲은 나무와 풀의 합 이상이다. 부분 설명에 치우쳐 숲을 하나의 생명체로 보는 종합적 관점을 지나쳐서는 안 된다.

⑥ 아이는 작은 어른이 아니다

방문객이 아이라고 해서 무조건 쉽게 전달하려고만 하면 안 된다. 물론 숲해설은 방문객의 특성에 따라 달라져야 하지만 아이는 작은 어른이 아니라 완전히 다른 인간이다. 어른용 해설을 쉽게 풀어서 설명하는 것이 아니라 어린이만을 위한 해설을 준비해야 한다.

※ 생명의 숲 숲해설 교재편찬팀(2015), 207쪽

인문학적 숲해설

경기도 남양주시 '행복한 숲'(숲해설가 양성기관)에서 숲해설가 양성 교육을 받으면서 현장실습 30시간을 국립수목원에서 실습을 받았다. 국립수목원에서 근무하는 숲해설가들은 각기 뛰어난 능력을 갖춘 분들이며, 그들로부터 각자 특색 있는 숲해설 모범을 배울 수 있었다. 특히, 박종만 숲해설가는 이미 여러 권의 인문학적 숲해설에 관한 책을 집필한 저명한 인물로, 그의 숲해설 현장을 참관해 보면서 인문학적 숲해설이란 무엇인지, 그리고 그 방법론에 매료되었다. 그와 만

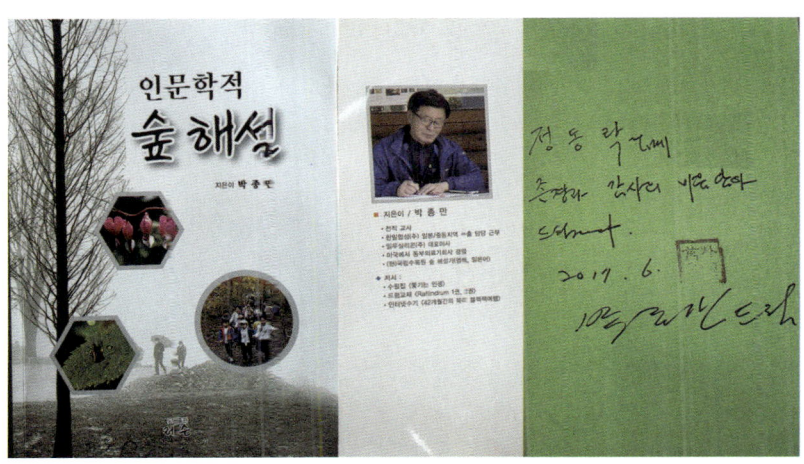

남은 나에게 깊은 통찰을 주었고, 숲을 잘 이해하는 데 큰 도움이 되었다. 특히, 인문학적 접근을 통한 소통하는 방법에 대해 배울 수 있었다. 이러한 경험은 나의 숲해설가로서의 여정에 있어 중요한 출발점이 되었고, 숲의 가치를 알리는 데 있어서 더 큰 열정을 갖게 해 준 계기가 되었다.

인문학이란

'인문학(人文學)'이라는 것이 도대체 어떤 학문일까? '인문(人文)'이라는 한자를 그대로 풀이하여 설명하자면, '인간(人)'과 그 인간이 만들어 낸 '문화(文)'에 대해 탐구하는 학문이라 할 수 있다. 사전적 의미는 '언어, 문학, 역사, 철학 따위를 연구하는 학문'이다.

인문학 특징

인문학은 인간의 경험, 문화, 언어, 역사, 예술 등을 탐구하는 학문 분야로, 여러 가지 특징을 가지며, 그중 일부는 다음과 같다.

1. 인간 중심: 인문학은 인간의 존재와 경험을 중심으로 연구하며, 인간의 사고, 감정, 행동을 깊이 이해하고자 한다.
2. 다양한 학문 분야: 인문학에는 철학, 문학, 역사, 언어학, 종교학, 예술사 등 다양한 분야가 포함되어 있으며, 이들 간의 융합적 접

근을 통해 폭넓은 이해를 지향한다.
3. 비판적 사고: 인문학은 비판적 사고와 분석적 접근을 중요시하며, 다양한 관점에서 문제를 규명하고 토론한다. 이는 개인의 가치관과 사회적 논의를 발전시키는 데 이바지한다.
4. 해석의 다양성: 인문학의 작품이나 사건은 여러 해석이 가능하며, 문화적 및 역사적 맥락에 따라 다양한 의미를 생성할 수 있다.
5. 인간 경험의 통합성: 인문학은 개인의 경험뿐만 아니라 공동체의 문화와 역사도 다루른다. 이는 인간의 삶을 보다 포괄적으로 이해하는 데 도움을 준다.
6. 적용 가능성: 인문학적인 지식은 교육, 심리학, 사회학, 정치학 등 다른 분야에서도 응용될 수 있으며, 실생활에 대한 통찰력을 제공한다.

이런 사상들은 문학, 철학, 역사, 사회학, 심리학 등 다양한 인문학 분야에서 상호작용하며 인간 존재에 대한 깊은 이해를 추구하는 바탕이 된다.

인문학적 숲해설이란

인문학적 숲해설은 자연환경과 사람의 연결성을 탐구하는 접근 방식으로, 숲이나 자연 공간에서 이루어지는 해설 활동에 인문학적 요소를 통합한 것이다. 이 개념은 숲의 생태적, 문화적, 역사적 가치에 대한 이해를 넓히고, 이를 통해 탐방자의 자연 감수성을 높이는 것을 목표로 한다.

인문학적 숲해설의 요소

1. 자연과 인간의 관계: 인문학적 숲해설은 자연과 인간의 긴밀한 연결을 강조한다. 숲이 인간 문화에 미친 영향, 전통, 민속에 관한 이야기를 나누며, 참가자들이 자연을 단순한 관찰 대상이 아닌 삶의 일부분으로 인식하게 한다.
2. 철학적 성찰: 숲에서의 경험을 통해 인간 존재에 관한 질문이나 철학적 고찰을 유도한다. 자연의 아름다움이나 생명에 대한 이해를 통해 인간 존재의 의미를 탐구할 수 있다.
3. 예술적 표현: 시, 문학, 음악 등 다양한 예술적 표현을 숲해설에 포함해, 참가자들에게 감정적이고 창의적인 경험을 선사한다. 이는 자연에 대한 이해를 더 깊게 하고, 감정적으로 연결될 기회를 제공한다.
4. 교육적 요소: 자연환경의 생태적 중요성, 보존 필요성 등을 교육하는 동시에, 인문학적 문맥에서 그 의미를 설명한다. 이는 자연을 보호하고 지속 가능한 삶을 추구하는 데 이바지한다.
5. 사회적 대화: 숲해설은 참가자들 간의 대화를 통해 공동체 의식을 키우고, 다양한 세대와 문화적 배경을 가진 사람들이 소통하는 장을 제공한다.

인문학적 숲해설은 이러한 요소들을 통해 단순한 자연 관찰을 넘어 이론적, 감정적, 교육적 통찰을 제공하며, 사람들에게 더 깊은 자연과의 애착을 불어넣는 데 이바지한다.

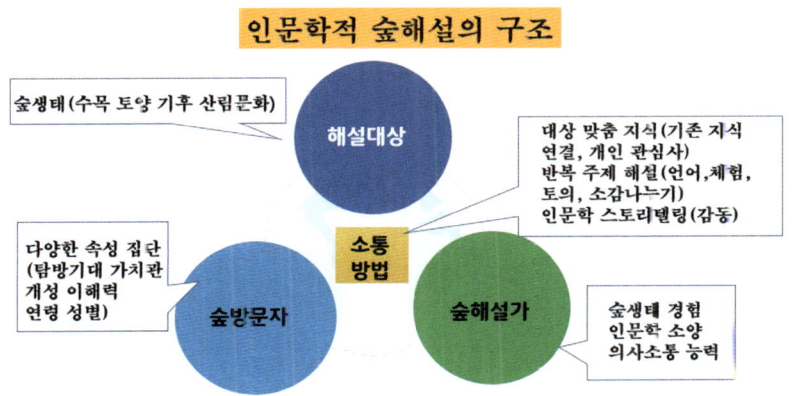

산림생태 소재 중심 숲해설

2018년에 한라생태숲에서 숲해설가로 첫 근무를 하면서 생태의 개념을 처음 접하게 되었다. 이 경험은 나에게 숲을 이해하는 매우 중요한 관점이 되었고, 이후 산림 생태에 대해 알아가면서 점점 더 깊이 빠져들게 되었다.

한라생태숲은 마소의 방목지로 이용되다가 방치된 곳을 우리나라 최초로 생태 복원한 숲으로, 그 자체로도 특별한 의미를 지니고 있다. 이곳에서 복원된 숲의 생태를 배우고 경험하면서, 나는 산림 생태를 소재로 하는 숲해설을 하게 되었고, 그 과정에서 자연의 복잡한 생태계와 서로 연결된 다양한 요소들을 이해할 수 있었다. 한라생태숲에서의 생태숲 경험이 나의 숲해설가 정체성을 형성하는 데 큰 영향을 미쳤다.

페터 볼레벤의 《나무수업》(2016)이라는 책을 만나게 된 것은 나의 산림에 대한 시각을 크게 확장한 중요한 경험이었다. 이 책을 통해 나는 숲과 나무에 대한 새로운 통찰을 얻게 되었고, 이후 계속 번역 출간된 볼레벤의 다른 저서들로 인해 산림을 잘 이해하게 되었다. 특히 볼레벤은 그의 저서에서 식물을 의인화하여 그 특성을 설명하는 독특한 접근 방식을 사용한다. 이러한 방식은 내가 나무와 식물을 더 친숙하게 느끼고, 그들의 삶과 생태적 역할을 일상적으로 이해할 수 있도록 도와주었다. 이처럼 볼레벤의 작품에서 배운 의인화 접근은 내가 숲해설을 진행할 때, 자연과 사람 간의 연결을 이해하는 데 큰 도움을 주었다.

그의 책을 통해 나는 복잡한 생태계를 쉽게 이해하고, 자연에 대한 감정적인 유대를 느낄 기회를 얻었다. 이러한 시각은 내가 전달하고자 하는 인문학적 숲해설 방법과도 잘 맞아떨어져, 숲과 자연의 소중함을 많은 이들에게 전할 수 있게 되었다. 볼레벤의 저서는 단순한 지식 전달을 넘어서, 나에게 숲과 나무에 대한 사랑과 존경심을 더욱 키워 주었고, 이 주제를 알리는 데 있어 소중한 자원이 되어 주고 있다.

2022년에 제주국립산림생태관리센터에 생태관리원(숲해설가)으로 근무하게 되었다. 센터의 숲은 1970년대 초 마을공동목장 소방돌지에 삼나무 곰솔 편백을 조림한 후 활엽수들이 들어와 형성된 이차천이림이다. 50여 년 동안 사람의 관리 손길이 닿지 않은 숲을 3년 동안 지속적으로 관찰하면서 산림생태에 대한 이론을 현장에서 경험하는 소중한 기회를 갖게 되었다.

4

대상 맞춤 숲해설

    나는 중학교 화학 수업 시간 때에 알코올의 화학방정식을 공부하면서 선생님이 '술 복용법(약이 되게 먹는 법)'을 배운 내용을 지금도 기억하고 있다.
    "알코올은 부풀게 하는 성질이 있어서 술을 먹으면 간을 부풀게 해서 간암에 걸리기 쉽다."
    "그래서 절대 술은 내 돈으로 사서 먹지 말라. 굳이 누가 술을 사 주겠다고 하면 밥부터 먼저 사 달라고 하라(빈속에 술을 먹지 말라)."
    "술을 사 주겠다고 하면 포도주를 사 달라고 해라(적포도주는 몸에 유익하다)."
    "포도주를 먹는 방법은 색과 향기를 먼저 즐긴 후에 목구멍으로 넘겨라."
    이런 내용을 지금까지 기억하고 있는 이유는 무엇일까?
    그 당시 청소년 시절에 술에 대한 호기심이 많았기 때문에 그때 가르쳐 준 내용이 아직도 내 기억 속에 남아 있다는 것이고, 단순한 지식이 아니라 실제 생활에 적용이 되는 지식이기에 기억으로 남아 있는 것이다.

 숲해설을 하면서 남자 탐방객이 관심이 있어 하는 부분은 "이것 먹으면 정력에 좋을까?" 여자 탐방객은 "이것은 미용에 좋은가?" 하는 것이다. 몸이 아픈 탐방객은 그 아픈 부분에 관한 식물의 효능을 이야기를 하면 굉장히 관심 있어 하고 기억을 잘한다.
 그런데 숲해설을 할 때 이 식물을 먹으면 어디 효과가 좋다고 하는 그런 이야기는 하지 말라고 배웠다. 그런데 사람들의 관심은 몸에 좋은 것과 먹을 수 있는 것이니 어찌할 것인가?

 이러한 현상을 심리학자들은 뇌가 생산하는 두 가지 화학물질, 즉 엔도르핀, 도파민과 연결시켜 설명한다. 이러한 화학물질들은 많은 부분 모르핀과 같고 중독적이다. 즐거운 생각은 뇌가 모르핀과 도파민을 생산하는 것을 자극한다. 지루하거나 매우 어려운 정보는 뇌로 하여금 보다 만족을 주는 정보를 다른 곳에서 찾게 한다. 바로 우리의 마음은 가장 만족을 가져다주는 정보로 이동하는 경향이 있다.

※ 샘 함(2023), 56쪽

 따라서 탐방자의 욕구에 맞추어 해설하는 것이 너무나 중요하다. 산림청은 생애주기별 발달단계 특성이나 욕구에 맞는 산림복지서비스를 제공하고 있다. 매우 유익한 전략이라고 본다.
 그러나 청년 이상의 연령층 대상으로 하는 해설 전략은 욕구에 따른 대상을 선정하고 해설계획을 세워야 한다고 본다. 《트렌드 코리아 2025》(2024)에서 현대 한국 사람은 역사상 가장 많은 세대가 공존하며 세대 간 교류의 기회가 많아졌으며, 온라인을 통해 다른 계층의 다양한 라이프스타일에 쉽게 접근하여 소비생활을 하고 있다고 말한다. 세대적 고정관념에 얽매이지 않고 자신만의 소비 스타일을 가진 소비자를 옴니보어(omnivore)라고 칭하였다. 옴니보어 - '고정관념에 얽매이지 않는 자신만의 소비 스타일을 가진 사람'들은 기존의 인구학적 기준으로 분류된 집단의 특성에 따르지 않고, 자신의 개성과 관심에 따라 차별화된 소비를 한다.

이제는 청년 - 중년 - 노년으로 인생의 과업을 밟아가는 순차적 인생 모형이 무너지고, 늘어난 기대수명에 맞추어 개인별 가치·취향 등 성향에 맞추는 '대상 맞춤형 모집 숲해설' 접근이 필요하다고 본다.

5

테마 중심 숲해설

테마 중심의 숲 해설은 특정한 주제를 중심으로 의미 있는 해설을 제공함으로써 탐방객들이 숲에 대한 이해를 높일 뿐 아니라 의도된 행동을 유발할 생각을 전할 수 있다. 기후 변화, 생물 다양성, 그리고 생태계의 중요성 등 다양한 소재와 인간 사회에서 관심 있는 주제를 설정하고, 이와 관련된 정보와 이야기를 전달함으로써 탐방객들이 숲을 단순한 경관이 아닌, 인간도 살아 있는 생태계 중 하나로 인식하도록 유도할 수 있다.

나는 산림생태를 소재로 하는 테마 중심의 숲해설을 하고 있다. 그 테마는 가족 사랑, 부부 사랑, 창의력, 좋은 관계 맺기, 더불어 살기, 창의력, 소통, 융합, 회복탄력성, 희망이다.

이러한 테마로 산림생태 해설을 어떻게 할 수 있는지 ChatGPT & GPT-4o(2025)에게 문의하여 정리한 내용은 다음과 같다.

가족 사랑

가족 사랑을 테마로 한 산림 생태 해설에서는 가족 간의 유대와 자연의 관계를 연결짓는 다양한 요소를 고려할 수 있다.

1. 나무의 가족 구조: 나무들이 하나의 생태계 내에서 어떻게 서로 연결되고 지원하는지를 설명할 수 있다. 예를 들어, 뿌리 시스템을 통해 영양분을 나누고 서로의 생존을 돕는 나무들의 상호작용을 논의하면서 이들을 "가족"으로 비유할 수 있다.
2. 곤충과 동물의 가족 관계: 많은 동물들이 가족 단위로 생활하는 모습을 통해 사랑의 개념을 탐구할 수 있다. 예를 들어, 새가 어떻게 새끼를 돌보는지 또는 포유류가 새끼를 키우는 방식을 설명할 수 있다. (포란반)
3. 공생 관계: 서로에게 이익을 주는 식물과 동물 간의 공생 관계를 통해 가족의 사랑과 지원을 비유적으로 나타낼 수 있다. 예를 들어, 꽃과 벌의 관계를 통해 서로의 생존을 위해 협력하는 모습을 이야기할 수 있다.
4. 생태계의 순환과 지원: 생태계 전체가 하나의 큰 가족처럼 서로를 지원하며 유지되는 방식을 설명한다. 영양분의 순환, 기후 조절, 그리고 서로의 생존을 돕는 방식 등을 통해 공동체의 소중함을 강조할 수 있다.
5. 자연의 보호와 보존: 가족이 서로를 보호하는 것처럼, 산림이 환

경을 보호하고 생물 다양성을 유지하는 역할을 다룰 수 있다. 예를 들어, 특정 동물이나 식물이 멸종 위기에서 어떻게 그들의 서식지를 보호하고 서로를 지켜 주는지를 설명할 수 있다.
6. 세대 간의 연결: 나무의 성장과 함께하는 새로운 세대의 모습을 통해, 자연이 세대를 이어가는 모습과 가정 내 가족 사랑의 연속성을 비유할 수 있다. 오래된 어머니 나무가 아기 나무에게 그늘과 영양분을 제공하는 것처럼, 가족이 세대 간에 사랑과 지혜를 전달하는 모습을 그릴 수 있다.

이 요소들은 가족 사랑의 다양한 측면을 산림 생태와 연결 지어 설명하는 데 효과적이다. 자연에서의 사랑과 유대감을 통해 가족의 중요성과 자연의 아름다움을 함께 강조할 수 있다.

부부 사랑

산림 생태를 소재로 하여 "부부 사랑"을 테마로 해설하는 방법은 다음과 같이 구성할 수 있다.

① **자연의 조화와 부부의 관계**
- 산림 생태의 다양성: 다양한 나무와 식물들이 함께 살아가는 모습은 부부가 서로 다른 배경과 성격을 가진 채로 한 가정을 이루어가는 것을 상징할 수 있다.

- 생명의 순환: 나무의 생장 과정과 계절의 변화는 나무 사이의 깊은 연결을 나타낼 수 있으며, 이러한 현상은 동행하는 시간과 경험이 쌓여가는 부부의 관계를 비유적으로 표현할 수 있다.

② **자연의 의존성**
- 상호 의존성: 산림 생태계에서 각 존재가 서로 의존하는 것처럼, 부부도 서로의 지지와 협력이 중요함을 강조할 수 있다.
- 공존의 아름다움: 나무와 식물들이 서로를 보완하며 자라는 모습은 사랑의 상호 보완적 측면을 나타낸다.

③ **소통과 이해**
- 생태적 소통: 산림에서 발생하는 다양한 소리, 바람, 생물의 움직임은 부부 간의 소통을 비유할 수 있다. 이를 통해 서로의 감정과 생각을 이해하고 받아들이는 과정이 중요함을 표현할 수 있다.
- 자연의 신비: 산림 속에서 자연의 경이로움을 경험하는 것은 부부가 함께하는 소중한 순간들을 상기시킬 수 있다.

④ **도전과 극복**
- 자연의 역경: 극한의 날씨나 질병, 해충 등 자연이 겪는 어려움은 부부가 함께 직면하는 인생의 도전과 시련을 상징할 수 있다. 이러한 상황에서 서로를 의지하고 극복해 나가는 과정이 사

랑의 깊이를 더할 수 있다.

⑤ 새 삶의 시작과 성장
- 식물의 재생: 나무가 다시 발아하는 모습은 새로운 사랑의 시작이나 가족의 탄생을 비유적으로 나타낼 수 있다.
- 생태계의 회복: 산림이 자연의 힘으로 회복되는 과정은 부부의 관계가 어려움을 딛고 다시 성장할 수 있는 가능성을 상징할 수 있다.

이러한 요소들을 통해 산림 생태와 부부의 사랑을 연결하는 깊이 있는 해설을 구성할 수 있다.

좋은 관계 맺기

산림 생태계에서 "좋은 관계 맺기"라는 테마를 해설하려면 다음과 같이 할 수 있다.

① 자연의 다양성 이해
- 생태계의 상호작용: 산림 생태계에서 다양한 식물과 동물이 어떻게 서로 상호작용하며 살아가는지를 설명한다. 이는 인간 사회에서도 다양한 배경과 성격을 가진 사람들이 서로 존중하며 협력할 때 더 풍요로운 관계를 만들 수 있다는 메시지를 전달한다.

② 공감과 소통
- 소리와 감정: 산림에서 들리는 다양한 소리(바람 소리, 새의 지저귐 등)는 자연의 감정을 전달한다. 이처럼, 인간 관계에서도 서로의 감정을 이해하고 소통하는 것이 얼마나 중요한지를 강조할 수 있다. 대화의 중요성을 부각시키면서 깊은 이해와 공감이 관계를 강화시킨다는 점을 설명한다.

③ 신뢰 구축
- 서로 의지하는 생명체들: 나무들이 뿌리를 통해 서로 연결되어 있듯이, 인간도 서로에게 신뢰를 주고받으며 관계를 구축해야 한다. 신뢰는 건강한 관계의 기초라는 점을 연결해 설명할 수 있다.

④ 도전 극복의 중요성
- 자연의 역경: 산림 생태계도 기후 변화, 병해충 같은 도전을 겪는다. 이러한 어려움을 함께 극복하는 과정은 인간 관계에서도 비슷하다. 친구나 배우자와의 갈등이나 어려움이 있을 때, 이를 함께 해결하려는 노력과 인내의 중요성을 강조할 수 있다.

⑤ 지속가능한 관계
- 재생의 사이클: 산림은 지속 가능한 방법으로 자생하고 재생된다. 인간 관계에서도 사랑과 이해, 존중을 바탕으로 한 관계는

시간이 지날수록 더 친밀한 관계로 이어지는 점을 설명한다. 정기적인 소통과 관심이 관계를 건강하게 유지하는 방법임을 강조할 수 있다.

⑥ 협력과 공동체 의식
- 협동의 중요성: 산림 속의 다양한 생물들이 서로 협력하며 생존하는 모습을 통해, 인간 사회에서도 공동체의 중요성과 함께 협력하며 살아가는 방법을 설명한다. 함께 목표를 세우고 이를 향해 나아가는 것이 관계를 더욱 단단하게 만든다는 메시지를 전달할 수 있다.

더불어 살기

산림 생태를 소재로 하여 "더불어 살기" 테마를 해설하는 방법은 다음과 같은 구조로 구성할 수 있다:

① 생명체의 상호 의존성
- 상호작용의 중요성: 산림 생태계에서 다양한 생명체 - 식물, 동물, 미생물 - 가 서로 의존하며 공존하는 모습을 통해 인간 사회에서도 타인과의 협력과 존중이 얼마나 중요한지를 강조할 수 있다. 예를 들어, 나무가 제공하는 산소와 음식물, 그리고 동물들이 나무에 둥지를 틀거나 서식하는 것과 같은 상호작용을 설

명한다.

② 다양성의 가치
- 생물 다양성과 공존: 산림의 다양한 식물과 동물이 공존하는 모습은 인간 사회에서도 다양한 문화와 배경을 가진 사람들이 함께 살아가는 것이 얼마나 풍요로운지를 나타낸다. 모든 개체가 보완적인 역할을 통해 생태계가 건강해지는 것처럼, 사람들도 각자의 독특함으로 사회에 기여해야 한다는 메시지를 전달할 수 있다.

③ 지속 가능한 공존
- 자연의 순환과 지속 가능성: 산림의 생태계는 자연의 순환을 통해 자생한다. 나무는 죽은 잎이나 가지가 분해되어 영양분으로 돌아가며 새로운 생명을 키워낸다. 이와 같이, 인간 사회에서도 자원을 존중하고 지속 가능한 방법으로 생활함으로써 더불어 살아가는 방법을 강조할 수 있다.

④ 공동체와 연대감
- 생태계의 공동체: 산림 생태계의 식물과 동물들이 서로의 생존을 돕는 모습은 공동체 의식의 중요성을 상징한다. 서로가 필요로 하고 서로를 돕는 관계가 건강한 공동체를 만들어간다는 점을 설명하며, 인간 사회에서도 각자가 서로를 지원하고 도와주

는 것이 어떻게 더불어 살기를 실현하는지를 나타낸다.

⑤ **자연과의 조화**
 - 자연과의 상생: 산림 생태계는 인간과 자연이 어떻게 조화롭게 공존할 수 있는지를 보여 주는 좋은 사례이다. 인간이 자연을 파괴하지 않고, 보존하고 보호하는 것이 더불어 사는 방법임을 강조할 수 있다. 예를 들어, 지속 가능한 경영 방식을 통해 산림을 보호하는 사례를 들어 설명하면 좋다.

⑥ **교육과 변화**
 - 다음 세대를 위한 책임: 산림 보존과 생태 교육은 후속 세대에게 더불어 함께 살아가는 방법을 가르치는 중요한 요소이다. 자연을 보호하고 이를 지속하는 방법을 배우는 것이야말로 인간 사회에서 중요한 교육이라는 점을 강조한다.

창의력

산림 생태를 소재로 "창의력" 테마를 해설하는 방법은 다음과 같이 구성할 수 있다.

① **자연의 다양성과 창의성**
 - 다양한 생명체의 생존 전략: 산림 생태계에는 수많은 식물과 동

물이 살아가며 각기 다른 생존 전략을 가지고 있다. 이러한 다양성은 창의성이 어떻게 다양한 방식으로 발현될 수 있는지를 보여 준다. 각 생명체가 특정 환경에 적응하여 독특한 방식으로 살아가는 것을 통해, 인간도 여러 방식으로 문제를 해결할 수 있는 창의력을 키울 필요가 있음을 설명한다.

② **자연을 통한 영감**
- 자연의 형태와 패턴: 나뭇잎의 구조, 나무의 연륜, 동물의 행동 패턴 등은 예술, 디자인, 과학 등 여러 분야에서 영감을 줄 수 있다. 이를 통해 창의적인 작품이나 아이디어가 어떻게 자연의 모습에서 비롯될 수 있는지를 설명할 수 있다. 예를 들어, 생명체의 형태가 디자인, 건축, 패션에 영향을 미치는 사례를 제시한다. (천재 건축가 안토니 가우디-자연에서 영감을 얻어 곡선과 유려한 형태의 건축)

③ **융합의 중요성**
- 자연의 상호작용: 산림 생태계에서 생물들이 서로 상호작용하며 새로운 생명을 만들어 내듯이, 인간도 다양한 아이디어와 배경을 융합하여 창의적인 솔루션을 만들어 낼 수 있음을 강조한다. 다양한 의견과 경험을 수용함으로써 더 혁신적인 결과를 얻을 수 있다는 점을 설명한다.

④ 실험과 탐구
- 자연에서의 실험적 접근: 자연의 변화, 계절의 순환, 생물의 적응 과정 등을 통해 실험과 탐구의 중요성을 강조한다. 산림에서 새로운 것을 발견하고 실험하듯이, 인간도 창의적인 문제 해결을 위해 다양한 시도를 거쳐야 함을 설명한다.

⑤ 창의력과 문제 해결
- 자연의 문제 해결 방식: 자연은 항상 도전에 직면하며 이를 해결하는 다양한 방법을 발전시킨다. 예를 들어, 나무는 기후 변화에 적응하기 위해 새로운 가지를 키우거나 뿌리를 넓힌다. 이러한 자연의 문제 해결 방식을 통해 인간 사회에서도 창의적이고 유연한 사고가 필요하다는 점을 강조할 수 있다.

⑥ 창의력의 교육
- 자연에서 배우는 창의력 교육: 산림에서의 경험과 활동(예: 자연 탐방, 생태 관찰 등)을 통해 어떻게 어린이와 청소년의 창의성을 키울 수 있는지를 설명한다. 자연을 탐구하고 설명하는 과정에서 불가능한 것을 상상하고 문제를 해결하는 능력이 증진될 수 있음을 강조한다.

소통

산림 생태를 소재로 하여 "소통" 테마를 해설하는 방법은 다음과 같은 구조로 구성할 수 있다.

① 생태계 내의 소통의 중요성
- 상호작용의 본질: 산림 생태계에서 다양한 식물과 동물들이 서로 상호작용하며 살아간다. 예를 들어, 나무가 뿌리를 통해 다른 식물에게 영양을 공급하거나, 동물들이 나무의 꽃가루를 전달하는 등, 이 모든 과정은 소통을 기반으로 한다. 이는 인간 사회에서도 서로의 의견과 감정을 이해하고 존중하는 것이 얼마나 중요한지를 나타낸다.

② 자연의 소통 방식
- 소리와 신호: 산림에서의 소리(예: 바람 소리, 새의 지저귐)는 서로 소통하는 방식 중 하나로 볼 수 있다. 새가 노래를 부르거나 바람이 나뭇가지를 흔들 때, 이는 환경의 변화나 경고를 전달하는 방법이다. 이와 같은 자연의 소통 방식을 통해 인간도 비언어적 소통의 중요성을 이해하고 강조할 수 있다.

③ 공감의 중요성
- 생명체 간의 이해: 산림 생태계에서 서로 다른 종들 간의 관계

는 공감과 이해를 기반으로 한다. 예를 들어, 꽃과 곤충의 관계는 서로의 필요를 이해하고 충족시키는 방식이다. 인간 간의 관계에서도 상대방의 감정과 입장을 이해하는 것이 얼마나 중요한지를 설명할 수 있다.

④ **자연의 변화와 적응**
- 소통을 통한 적응: 산림에서 기후 변화나 생태계의 변화가 발생할 때, 생명체들은 이를 인지하고 서로의 반응을 통해 적응해 나간다. 이는 소통이 변화와 위기에 대응하는 중요한 수단임을 보여 준다. 인간 사회에서도 공동체가 위기 상황에 대응할 때 서로 소통하고 협력하는 것이 필요하다는 점을 강조할 수 있다.

⑤ **생태계의 교육적 역할**
- 자연 관찰과 경험: 산림을 탐방하며 자연을 관찰하는 과정은 소통의 기회를 제공한다. 이때 사람들은 자연의 법칙, 생명체 간의 관계를 배우고 서로의 경험을 나누며 소통하게 된다. 이런 활동이 인간의 사고방식을 열어 주고 관계를 발전시키는 데 어떻게 기여하는지를 설명할 수 있다.

⑥ **소통을 통한 변화의 힘**
- 생태계 회복력을 위한 협력: 생태계를 보호하고 복원하기 위한 노력은 인간과 자연의 소통을 통해 이루어진다. 다양한 이해 관

계 전문가 간의 대화와 협력이 필수적이며, 이를 통해 문제를 해결하고 지속 가능한 방법으로 자연을 보호해야 한다는 메시지를 전달할 수 있다.

융합

산림 생태를 소재로 하여 "융합" 테마를 해설하는 방법은 다음과 같은 구조로 구성할 수 있다:

① **생태계의 융합 개념**
- 생물 다양성과 상호작용: 산림 생태계에서 다양한 식물과 동물들이 함께 존재하며 서로에게 영향을 주고받는다. 이들은 상호작용을 통해 생태계의 균형을 이루고, 다양한 생명체가 모여 자생하는 모습은 융합의 본질을 나타낸다. 이러한 다양한 생명체의 조화가 건강한 생태계를 만드는 데 기여한다는 점을 강조할 수 있다.

② **서로 다른 유전자와 형질의 융합**
- 유전적 다양성의 중요성: 산림 생태계 내에서 생물들이 유전적으로 다양할수록 환경 변화에 대한 적응력이 강해진다. 여러 종의 조합이 만들어내는 생태적 역할(예: 수분, 생태적 균형)은 다양한 유전자가 서로 융합하여 보다 강한 생태계를 형성한다는

점을 설명할 수 있다.

③ 창의적 융합
- 자연에서의 창의성: 산림 생태계에서 생물은 각기 다른 조건에 적응하기 위해 창의적으로 형성된 기능과 구조를 가진다. 예를 들어, 특화된 뿌리 구조가 물과 영양소를 효과적으로 흡수하도록 돕는 경우, 이는 환경과의 융합을 통해 창의적으로 해결한 문제로 볼 수 있다. 이는 인간도 다양한 배경과 자원을 융합하여 창의적 문제 해결을 해야 한다는 교훈을 줄 수 있다.

④ 지역 사회와 생태계의 융합
- 인간 활동과 자연의 조화: 지역 사회가 산림 자원을 지속 가능하게 관리하고 활용하는 방식은 인간과 자연의 융합을 보여준다. 예를 들어, 농업과 임업의 융합, 에코투어리즘과 같은 지역 발전 방안이 환경 보호와 동시에 경제적 이익을 실현할 수 있음을 강조한다.

⑤ 교육과 융합
- 생태 교육의 중요성: 산림 생태를 주제로 하는 교육 과정에서는 과학, 예술, 사회, 경제 등 다양한 분야가 융합된다. 학생들이 여러 분야의 지식을 결합하여 생태계의 복잡성을 이해하고 문제를 해결하는 방법을 배울 수 있도록 돕는다는 점에서, 생태 교

육의 중요성을 강조할 수 있다.

회복탄력성

산림 생태를 소재로 하여 "회복탄력성" 테마를 해설하는 방법은 다음과 같이 구성할 수 있다:

① **회복탄력성의 개념**
  - 정의와 중요성: 회복탄력성이란 생태계가 외부 충격이나 스트레스에 직면했을 때 원래 상태로 돌아가거나 새로운 상태로 적응할 수 있는 능력이다. 이는 지속 가능한 생태계를 유지하기 위해 필수적이다. 산림 생태계에서 이 개념이 어떻게 작용하는지를 설명한다.

② **생태계의 회복 과정**
  - 재생의 메커니즘: 산림 생태계는 자연재해(예: 산불, 폭풍 등)나 인간 활동으로부터 피해를 입더라도 시간이 지나면 자연적으로 회복될 수 있는 능력을 가지고 있다. 이 과정에서 자연의 재생 기능, 즉 새로운 식물이 자생하고 동물의 개체수가 회복되는 모습을 설명하여, 회복탄력성이 어떻게 작용하는지를 구체적으로 보여준다.

③ 다양성과 회복탄력성
  - 생물 다양성의 역할: 다양한 종이 공존하는 산림 생태계는 회복탄력성을 높이는 데 중요한 역할을 한다. 각각의 생물들이 가지고 있는 독특한 역할과 특성이 결합되어 생태계에 복원력을 부여하기 때문이다. 이는 인간 사회에서도 다양한 배경과 전문성을 가진 구성원이 함께할 때 회복력이 강해진다는 교훈을 제공한다.

④ 외부 요인에 대한 적응
  - 기후 변화와 적응 전략: 기후 변화와 같은 외부 스트레스 요인이 산림 생태계에 미치는 영향을 논의한다. 예를 들어, 기후 변화로 인해 특정 식물이 기후에 적응하기 위해 이동하거나 생태적 적응 전략을 개발하는 경우, 이러한 변화가 회복탄력성과 어떻게 연결되는지를 설명한다.

⑤ 복원 프로젝트와 회복탄력성
  - 인간의 개입과 회복: 인간의 역할이 절대적인 산림 생태계 회복에서 회복탄력성을 높이는 데 도움을 줄 수 있는 예를 설명한다. 예를 들어, 산들 복원 프로젝트, 침식 방지 계획, 생물 다양성 증진 노력 등을 통해 인간이 어떻게 생태계 회복에 기여할 수 있는지를 보여 준다.

⑥ 생태계 서비스와 회복탄력성
- 비용 효율적인 회복: 산림은 탄소 저장, 수질 정화, 토양 보전과 같은 생태계 서비스를 제공한다. 이러한 서비스가 회복탄력성을 높이고 어떻게 생태계가 회복에 기여하는지를 설명한다. 또한, 이러한 서비스를 통해 생태계가 제공하는 혜택이 지역 사회와 경제에 미치는 긍정적 영향을 강조할 수 있다.

⑦ 사회적 회복탄력성
- 인간 사회의 회복탄력성: 산림 생태계와 회복탄력성의 개념을 통해 인간 사회의 회복탄력성을 연결 지어 설명한다. 예를 들어, 커뮤니티가 자연재해나 환경 문제에 대응하는 방식을 살펴보고, 사회적 융합과 협력의 중요성을 강조한다. 인간과 자연의 상호작용을 통해 회복탄력성이 어떻게 서로를 강화할 수 있는지를 논의한다.

희망

"희망"을 테마로 한 산림 생태 해설에서는 자연의 회복력과 생명력이 주는 긍정적인 메시지를 강조할 수 있다.

1. 재생과 회복: 산림이 파괴되었던 지역에서 어떻게 다시 살아나는지를 설명할 수 있다. 예를 들어, 화전 후의 자연 복원 과정이나

가뭄, 홍수 등의 재해를 겪은 후의 생태계 회복을 통해 자연의 강한 생명력을 보여 줄 수 있다.
2. 씨앗과 새로운 시작: 씨앗이 자라나 나무로 성장하는 과정을 통해 새로운 생명과 가능성을 비유적으로 표현한다. 씨앗이 어려운 환경을 극복하고 성장하는 이야기를 통해 희망의 메시지를 전달할 수 있다.
3. 생물 다양성: 다양한 식물과 동물들이 함께 살아가는 모습을 통해, 서로의 존재가 생태계의 건강에 미치는 긍정적인 영향을 설명할 수 있다. 이러한 다양성이 본질적으로 희망의 상징이 될 수 있다.
4. 계절의 변화: 봄에 새싹이 돋고 꽃이 피는 과정과 겨울의 마지막을 경과하며 새로운 생명으로 가득 차는 모습을 통해 회복과 희망의 메시지를 강조할 수 있다. 또한, 계절의 순환이 주는 새로운 시작의 상징성을 살펴볼 수 있다.
5. 숲의 하모니: 서로 다른 생물들이 함께 조화를 이루며 살아가는 모습을 통해, 인간 사회에서도 다양한 배경을 가진 사람들이 협력하고 희망을 만들어 가는 것을 비유할 수 있다.
6. 나무와 생태계의 잠재력: 나무가 성장해 가는 과정에서 얼마나 많은 생명을 품고 있는지를 설명할 수 있다. 오래된 나무가 다양한 생물들의 서식처가 되고, 이들이 서로 도와가며 살아가는 모습에서 희망을 찾을 수 있다.
7. 인간과 자연의 상호작용: 인간이 산림을 보호하고 지속 가능한

방식으로 이용하여 자연과 긍정적인 관계를 형성하는 사례를 통해 희망의 메시지를 전달할 수 있다. 예를 들어, 도시 근처의 녹지 공간 개발이나 커뮤니티 정원 등에서 희망을 찾을 수 있다.

테마(T) 짜임새(O) 눈높이(R) 재미(E) 해설 모델

　국립수목원에서 인문학적 숲해설을 주장하는 박종만 숲해설가에게 숲해설을 들은 내용이다. 세계 3대 꽃 정원 중 하나인 캐나다 밴쿠버에 있는 부차드가든이 식물의 이름을 알리는 유인물을 배포하던 것을 수십 년 전부터 방문객에게 리플릿 안내서를 준다.(실제로 내가 부차드 가든에 방문했을 때 정원의 안내 지도 한 장만 받았다. 식물을 연구하는 방문객에게는 식물에 관한 자세한 책을 입구에서 빌려주었다가 나올 때 받는다고 한다) 그 이유는 식물을 소개하는 단순 지식은 돌아서면 잊어버리고 만다. 또한 꽃 이름을 기억하려고 노력하다 꽃 정원에서 느낄 수 있는 감동을 방해하기 때문이라는 설명을 들었다. "숲에서 무슨 식물인지 알려고 하지 말라 오직 느껴보라. 로마에서는 아는 만큼 즐기지만, 숲에서는 **느끼는 만큼 즐긴다.**"

※ 박종만(2013), 10쪽

　미국 요세미티 국립공원 해설 레인저이며 프리먼 틸든상 수상자인 쉘든 존슨은 이렇게 말한다.

"여러분은 여러분의 청중들을 여러분이 생각하기에 경이롭다고 생각하는 것들 - 그랜드캐니언, 피라미드, 울룰루(Uluru) 또는 아주 작은 들꽃 등 - 로 인도할 수 있을 것이다. 그러나 해설의 성패는 그들이 그것을 보고 **어떻게 느끼느냐**에 달려 있다. 청중들은 사물과 자신의 영혼이 하나가 되는 곳에서만 특별한 장소 경험을 하게 된다."

※ 샘 햄(2023), 96쪽

박종만 숲해설가나 쉘튼 존슨의 말처럼 숲해설이 식물에 대한 단순한 지식 전달로 끝난다면 얼마나 큰 감동을 줄 수 있을까?

탐방객에게 숲해설의 경험이 정말 자신을 삶의 태도를 바꾸는 현장이 되게 하려면 어떻게 해야 할까?

숲해설 현장에서 계속되는 이러한 의문과 고민에 대한 답을 샘 햄의 《청중을 변화시키는 해설》(2023)에서 찾을 수 있었다. 그것이 바로 TORE 모델이다.

TORE 모델

샘 햄은 《청중을 변화시키는 해설》(2023)에서 TORE 모델을 소개하고 있는데 나의 고민에 대한 답을 제시해 주었다.

샘 햄(Sam H. Ham)의 TORE 모델은 주로 환경 교육 및 커뮤니케이션 분야에서 사용되는 이론적 프레임이다. TORE는 다음과 같은 네 가

지 요소로 구성된다

※ 샘 햄(2023), 68-109쪽

① 테마가 있다(Theme)
- 정의: 해설은 명확한 주제나 중심 아이디어를 통해 전달된다.
- 중요성: 특정 테마는 청중이 해설의 내용을 이해하고 기억하는 데 도움을 준다

② 짜임새가 있다(Organized)
- 정의: 해설은 체계적으로 구성되어 있어 접근하기 용이하다.
- 중요성: 조직적인 구조는 정보의 흐름을 자연스럽고 이해하기 쉽게 만든다. 청중은 명확한 단계에 따라 내용을 따라갈 수 있다.

③ 청중의 눈높이에 맞다(Relevant)
- 정의: 해설은 청중의 관심사와 배경에 맞춰 내용을 조정한다.
- 중요성: 청중의 흥미를 유도하고 공감을 불러일으켜 더 나은 소통을 가능하게 한다.

④ 재미있다(Enjoyable)
- 정의: 해설은 청중이 즐길 수 있도록 흥미롭고 참여를 유도한다.
- 중요성: 흥미로운 요소가 포함되면 청중의 집중력이 높아지고, 해설 효과도 증대된다.

TORE 모델을 요약하면 해설은

해설은 주제(Theme)를 가지고 있다.

해설은 조직화(Organized) 되어 있다.

해설은 관련짓기(Relevant)이다.

해설은 즐거운(Enioyable) 것이다.

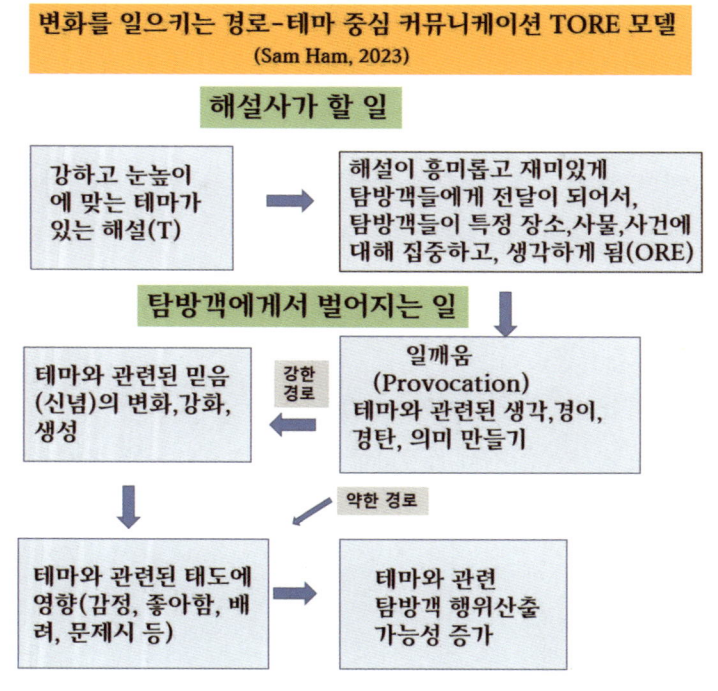

※ 샘 햄(2023), 180쪽

7

해설의 궁극적인 목표에 따른
세 종류의 해설사

유아나 아동을 대상으로 하는 숲체험 활동을 하다보면 이어지는 재미 중심의 놀이만 하다가 프로그램을 끝나고 마는 것에 고민을 해 왔다. 이러한 문제에 대한 답을 샘 햄의 《청중을 변화시키는 허설》 (2023) 해설의 궁극적인 목표와 관련된 이론에서 이론적 답을 얻게 되었다.

샘 햄은 해설의 궁극적인 목표에 따라 해설사의 3종류의 해설사가 있다고 말한다.

※ 샘 햄(2023), 121-129쪽

① 가르침으로서의 해설사

사실을 전달하는 것이 초점이 될 때 해설은 교육과 같은 것이 된다. 이때 해설의 성공은 청중들이 해설에 제시된 사실들을 얼마나 배우고 인식하고 기억하는가가 된다.

② 엔터테이너로서의 해설사

해설 행위가 재미있고 청중의 관심을 끄는 것이 된다. 이때 해설의 성공은 청중들이 해설을 즐겼는지 여부이다.

③ 동기유발자로서 해설가

해설되어지는 것이 청중들을 생각하게 해서 개인적 의미를 발견하게 하는 것이다. 이때 해설의 성공은 청중들이 개인적 의미를 발견하게 된 생각의 수나 종류와 관련된다.

해설의 3가지 목표와 평가 기준 (Sam Ham, 2023. 133쪽)

	교사로서 해설사	엔터데이너로서 해설사	생각을 하게 하는 사람으로서 해설사
주된 목적	청중들이 잘 알려진 사실들을 이해하고 배울 수 있게 하는 것	청중들을 즐겁게 해주고 즐거운 시간을 제공해 주는 것	청중들을 생각하게 해서 개인적 의미를 발견하게 하는 것
성공의 척도	-사실들에 대한 정확한 기억 -지식에 대한 인식	-즐거움의 정도 -청중의 관심을 끌고 유지시키는 능력	-청중들이 생각하게 된 것들의 수와 종류

※ 샘 햄(2023), 133쪽

대상에 따른 세 종류의 해설 비율

대상에 따른 세 종류의 해설 비율을 챗GPT에게 문의해 보았다. 숲해설 현장에서 참고해 볼만한 의미가 있는 통계라고 본다. ChatGPT

& GPT-4o(2025)

유아 아동 대상 교육에서 흥미 40%, 지식 전달 30%, 의미 유발 30%이다. 청소년 대상 교육에서 흥미 30%, 지식 전달 30%, 의미 유발 40%이다. 중장년 대상 교육에서 흥미 25%, 지식 전달 35%, 의미 유발 40%이다. 노년 대상 교육에서 흥미 30%, 지식 전달 25%, 의미 유발 45%이다.

흥미유발이나 지식전달에서 각 대상에 맞는 방법을 사용해야 하는 것은 말할 것도 없다.

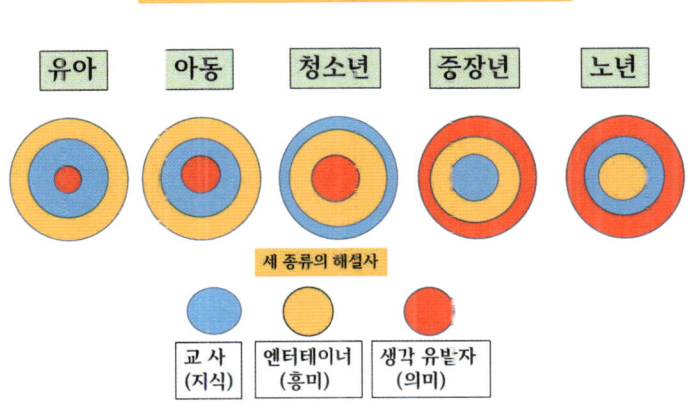

〈한라생태숲 연리목-부부 노루 발자국?〉

제3장

테마 중심
인문학적 숲해설 실제

1

연리목 평생 동행

*2020년 길 위의 인문학-'숲과 인문학' 영상 강의 내용

연리목 평생동행
1. 人間의 의미
2. 연리목
3. 연리목 과정, 결과
4. 연리목에서 얻는 삶의 지혜

인간의 의미

인간은 관계적 존재

우리가 가정생활, 직장생활, 사회생활을 하면서 겪는 가장 큰 어려움은 무엇일까? 바로 사람 사이에서 일어나는 관계이다. 삶에서 빈번

하게 부딪히는 많은 문제와 아픔들 중에서도 인간관계에서 오는 문제는 가장 힘들다고 한다.

"모든 문제의 90%는 인간관계에서 비롯된다."라는 말이 있다. 이는 인간관계가 우리의 인생에 많은 고통을 초래한다는 사실을 잘 보여준다. 복잡한 관계 속에서 우리는 누군가에게 상처를 주기도 하고, 또 누군가로부터 상처를 받으며 살아간다.

이런 현상 뒤에는 인간이 관계적 존재라는 이유가 있다. '인간(人間)'이라는 단어를 살펴보면, '사람 인(人)'과 '사이 간(間)'이 결합한 것이다. 즉, '인간'이라는 말 자체에 '사람과 사람 사이'라는 뜻이 담겨 있다. 이는 우리가 스스로를 지칭하는 '인간'이라는 단어를 만들었을 때, 혼자서는 살아갈 수 없는 존재임을 알고 있었다는 의미이다.

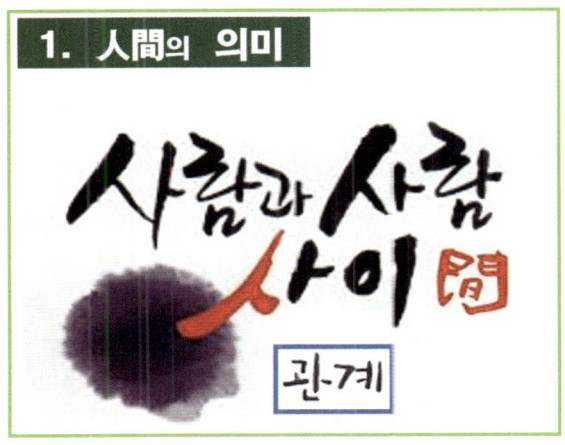

최초 최후 관계는 가족관계

우리는 '인간'이라는 뜻처럼 평생 수많은 사람과 관계를 맺으며 살아간다. 인간관계는 여러 종류가 존재한다. 시간적 관계로는 단기적 관계와 장기적 관계가 있으며, 장소에 따라 학교, 직장, 동아리 등 다양한 관계가 형성된다. 이 중에서 가장 친밀한 관계라 할 수 있는 것은 가족관계이다. 가족은 인간이 출생과 동시에 맺게 되는 최초의 관계 집단으로, 그 상호 간의 관계는 직접적이고 친밀하며 지속적이다.

가족관계의 핵심은 부부관계

여기서 가족관계의 핵심은 부부관계이다. 부부의 일생을 가족주기로 설명할 수 있다. 가족주기(Family life cycle)는 가족이 생성되어 소멸하기까지의 주기를 의미한다. 일반적으로 가족은 결혼을 통해 성립되며, 신혼기와 육아기를 거쳐 성인이 된 자녀가 결혼함으로써 다시 중·노년의 부부 두 사람이 된다. 이러한 과정은 배우자의 죽음과 본인의 죽음에 의해 종결된다.

비교적 생생한 데이터를 바탕으로 가족주기를 연구한 책이 있다. 조지 베일런트는 《행복의 조건/행복의 비밀》(2010)에서 하버드대 출신 268명의 삶을 70여 년간 추적 조사하여 행복의 조건을 7가지로 요약한다. 그러나 이 조건을 가능하게 하는 것은 50세(47세 무렵)까지 형성된 인간관계라고 한다. 여기에는 고난에 대처하는 방어 기제, 교육, 안정된 결혼생활, 금연, 금주, 규칙적인 운동, 적당한 체중 등이 포함된다.

결국, 인간으로 태어나서 처음 만나는 부모와 자녀의 관계, 학교 친구와 관계, 직장 동료와의 관계, 그리고 결혼하여 형성되는 부부관계에서 성공해야 결국 행복한 생을 마무리할 수 있다.

그러면 어떤 관계일까? 한마디로 사랑의 관계이다. 서로 의지하고 배려하며 격려하는 인간관계로 귀결된다.

자크 타상 《나무처럼 생각하기》 (2019), 생명체 간의 공생 기술

인간관계의 모델을 찾기 위해 프랑스의 식물생태학자인 자크 타상의 저서 《나무처럼 생각하기》(2019)에서 제시하는 통찰이 유익하다. 타상은 나무를 통해 우리가 배워야 할 관계의 기술과 생명체 간의 공생을 강조한다.

다음은 이 책의 주제와 관련된 몇 가지 핵심 내용이다.

타상에 의하면, 지구는 인간이 아닌 '나무의 행성'이다. 인간은 지구 정복자처럼 굴지만, 실제로는 나무에 의존하여 그 서식지이자 점령지에서 이간은 태어나고 성장한다.

※ 자크 타상(2019), 7쪽

나무는 인간보다 더 많은 방식으로 세상과 교류하며, 우리가 생존하는 데 필수적인 공기, 빛, 물을 유기물로 변환하는 역할을 한다. 따라서 나무의 지속 가능한 생태환경이 바로 생명체가 살아가는 기반이 된다.

그렇다면 우리는 어떻게 나무처럼 생각할 수 있을까? 타상은 인간이 숲에서 태어났고, 그 환경에서 진화했음을 상기시킨다. 그의 저서에서 강조하는 바와 같이, 나무와의 공존은 인간의 본래 능력을 회복하게 해 준다. 숲에서 자라는 아이들은 집중력, 탐구심, 창의성이 높아지며, 자존감과 협동심도 강화된다. 이는 숲이 사람의 마음을 안정시키고 스트레스를 줄이며 면역력을 향상하는 복합적인 효과 덕분이다.

타상은 우리가 나무에서 공생의 기술, 즉 "가장 높은 수준에 도달한 협력의 기술"을 배워야 한다고 말한다. 나무는 이웃 나무와 서로 연결하여 상호지지하고 도움을 주며, 다양한 생명체와의 공존에도 능숙하다. 예를 들어, 나무는 뿌리와 연결된 균뿌리를 통해 지하 세계의 자원을 탐사하고, 미량원소를 흡수하건서도 그 대가로 자신의 에너지를 나눈다.

오늘날 인간 사회는 개인의 가치를 과대평가하여 심각한 사회적 불평등과 과열 경쟁 등의 문제를 드러내고 있다. 이로 인해 개인과 공동체 간의 조화가 흔들리고 있다. 현대 사회의 이러한 모습은 나무와 숲의 공생 원리와 매우 대조적이다.

결론적으로, 자크 타상의 《나무처럼 생각하기》(2019)는 우리가 인간관계를 어떻게 형성하고 유지해야 하는지를 깊이 있게 성찰할 기회를 제공한다. 우리는 나무에 배워, 더 협력적이고 관계 중심적인 사회를 만들어 나가야 한다.

연리목에서 발견하는 부부관계

연리목 - 이을 연(連), 이치 리(理), 나무 목(木)-이란

'연리목'은 뿌리는 둘인데 줄기가 서로 맞닿아 몸통이 하나가 된 나무를 일컫는 말이다.

좁은 공간에서 나무가 가까이서 자라다 보면, 한 나무 분량의 영양분과 햇볕을 두고 두 나무가 싸우기도 한다. 나무줄기의 직경이 커지게 될 때 가까이 있는 나무와 서로 싸우다가 결국, 화해하고 사이좋게 한 몸이 되어 공생하게 된다.

나무의 두 몸통이 한 몸통이 된다 하여 남녀 간의 애틋한 사랑을 이야기하면서 '사랑 나무', '부부 나무'라고 부르기도 한다.

연리목의 결합과정과 결과

두 나무가 완전히 하나가 되기까지는 엄청난 고통을 경험한다.

결합단계 고통

① 껍질 - 수피의 맞닿음(단순 동거의 단계)

이 단계에서는 서로의 습관, 음식 취향, 정리 정돈 방식 등에서 갈등이 발생한다. 두 나무의 껍질이 서로 맞닿아 압박을 견디지 못하고 상처를 입는 것처럼, 연애나 결혼 초기에도 서로의 생활 방식에서 오는 마찰이 있을 수 있다. 이는 서로의 정체성을 알아가는 과정이다.

② 부름켜와 변재의 맞닿음(생각의 차이 갈등)

두 나무의 부름켜가 연결되어 서로의 양분을 주고받으면서 친밀감이 형성된다. 이는 부부가 서로의 생각과 느낌을 공유하고, 공감대가 형성되는 과정을 반영한다. 하지만 종종 가까운 사람들에 대해 오히려 더 무신경하게 행동하는 경향이 있기에, 부부간에는 지속적인 친밀감과 소통이 필수적이다.

③ 심재의 맞닿음(하나의 뼈로 연결됨)

두 나무의 심재가 연결되면서 구조적으로 하나가 되는 과정은 부부의 관계가 더욱 깊어지는 단계이다. 서로의 뼈대가 되어 지탱하고 지지하는 관계가 형성되며, 이는 인생을 함께 살아가며 생기는 다양한 경험을 반영한다.

④ 친구 같은 관계로 발전(하나의 나이테 형성)

두 나무가 하나의 나이테를 만들어 가며, 심리적으로도 깊은 친구 같은 사이로 발전한다. 서로의 강점과 약점을 이해하고 존중하는 법을 배우게 된다. 이러한 유대는 오랜 시간에 걸쳐 형성되며, 대화를 통한 이해와 감정 교류가 필수적이다.

연리목의 특징

① 상호 의존
서로 양분을 주고받으며 견뎌내는 관계가 된다. 이는 사람들 간의 지원 체계와 유사하다. 서로의 존재가 서로에게 힘이 되고, 필요한 자원을 주고받는 것이다.

② 각자의 정체성 유지
줄기는 연결되지만 뿌리는 따로 있는 연리목처럼, 관계 속에서도 각자 개인의 성격과 기질을 유지하는 것이 중요하다. 서로의 독립성을 존중해야 건강한 관계가 유지될 수 있다.

③ 공생의 관계
만약 한쪽이 힘들어지면, 다른 쪽이 이를 보완하고 지지하게 된다. 이는 인간관계에서 위기 상황을 함께 극복해 나가는 모습을 반영한다. 서로 의지하며 함께 성장하는 과정이다.

결국 연리목은 오랜 시간에 걸쳐 형성되는 관계를 상징한다. 부부나 가까운 친구 간에 겪는 많은 갈등을 통하여 서로를 이해하고, 성장하며 결국에는 더 단단한 유대를 형성하는 과정을 잘 나타낸다. 긴 시간의 협력과 이해가 필요하며, 이로 인해 여러분도 성장할 수 있는 좋은 관계를 만들어 나갈 수 있다.

연리목은 부부관계를 이해하는 데 매우 강력한 비유이다. 두 그루의 나무가 한 마당에 뿌리를 내리고 함께 자라나면서 햇빛과 바람, 비를 나누며 살아가는 모습은 부부의 동행을 그대로 반영한다.

부부가 된 연리목-한 마당에 심겨진 두 그루의 나무

평생 동행 – 평생 평형선

그런데 중요한 사실 한 가지가 있다. 나무가 가지가 서로 얽혀가고 뿌리가 얽히면서 사랑의 유대가 깊어지는 것처럼, 부부간의 관계도 그러하다.

그러나 두 나무의 줄기(밑동)는 변하지 않고, 항상 일정한 거리를 유지한다는 사실을 유념해야 한다는 점이 중요하다. 부부가 아무리 가까워도 부부 사이 있는 나무의 밑동 거리처럼 어제나 오늘이나 변함없는 거리가 있다. 그 변함없는 거리를 인정하고 그 거리마저도 사랑해야 한다.

이는 부부간에도 서로 다른 개별성이 있다는 것을 상기시킨다.

개성과 경계 인정과 수용
부부가 아무리 가까워도 각자의 개성과 경계는 유지해야 한다. 사람은 본질에서 다르며, 서로의 차이를 인정하고 사랑해야 진정한 관계가 형성된다는 것이다. 상대방의 세계관과 기질을 수용할 때, 건강한 관계가 만들어진다.

소통의 중요성
연리목의 자연적인 갈등 해결 과정을 통해, 부부간의 소통이 얼마나 중요한지를 배울 수 있다. 갈등이 생겼을 때 상대방을 변화시키려 하기보다는 있는 모습 그대로 받아들이고, 이로 인해 함께 성장하며 평생 동행하게 된다.

연리목에서 얻는 삶의 지혜

칼릴 지브란의 메시지
- '서로 사랑하라 하지만 사랑에 속박되지는 말라'

법정 스님이 생의 마지막까지 소중하게 머리맡에 남겨 둔 6권의 책 중에 하나가 바로 칼릴 지브란의 《예언자》라는 책이다.

칼릴 지브란의 결혼에 대한 묘사는 이러한 연리목의 원리를 잘 표현한다. "서로 사랑하라, 하지만 사랑에 속박되지는 말라."는 구절은 개인의 독립성을 강조하며, 사랑의 본질이 어떻게 성립되는지를 알려준다. 사랑은 서로의 삶을 더 풍요롭게 하지만, 그 속에서 개개인의 독립성을 잃지 않는 것이 중요함을 말이다.

※ 칼릴 지브란(2018), 26-27쪽

나무 의사 우종영 메시지
- 가까운 사람일수록 '그리움의 거리'를 두라

서로의 존재를 느끼면서도 간섭하지 않는 거리는 '그리움의 간격'으로 표현된다. 가까운 사이에서도 이 거리를 잘 유지하면, 서로에 대한 그리움과 사랑이 더 깊어질 수 있다. 이처럼 적절한 거리에서 서로를 바라보며, 사랑을 지속할 필요가 있다.

※ 우종영(2005), 202쪽

결론적으로, 연리목을 통한 부부관계의 탐구는 우리에게 진정한 사랑의 본질, 또한 건강한 관계를 유지하는 방법을 다시 한번 생각하게 한다. 부부간의 거리와 독립성을 존중하면서도 함께 성장하고 공생하는 지혜를 배워 가는 과정이 결국 평화롭고 행복한 삶으로 이끌어줄 것이다.

〈구좌 동복리 팽나무〉

2

바람·돌·나무의 연합

* 2020년 길 위의 인문학 - '숲과 인문학' 영상 강의 내용

바람·돌·나무의 연합

1. 제주의 돌과 나무 뿌리
2. 천년을 사는 느티나무
3. 태풍과 나무
4. 낭은 돌 으지허멍 살고
   돌은 낭 으지허멍산다

도입

제주 사람들은 돌과 바람이라는 극복할 수 없는 자연의 도전에 맞서, 그들을 배척하기보다는 함께 활용하는 방법을 찾았다. 제주 날씨에서 잦은 바람은 농사와 생활에 불리하게 작용할 수 있지만, 제주 사람들은 이를 돌담으로 막아내고, 동시에 돌담을 생활 일부로 삼았다.

우선, 제주 사람들은 기존의 풍경과 조화롭게 돌을 활용했다. 초가 지붕의 높이와 비슷하게 돌로 쌓은 울담은 바람의 힘을 최소화하고, 안정적인 거주 공간을 마련하는 데 이바지했다. 또한, 농사에서는 바람이 통과할 수 있도록 설계된 얼기설기 쌓은 밭담이 농작물의 생장을 돕는 역할을 했다.

중산간 지역에서는 말을 기르고 소를 사육하는 데 있어, 돌로 만든 울타리가 울타리 역할을 했다. 이러한 물리적 경계는 들짐승으로부터 가축을 보호하는 중요한 수단이었다. 제주 사람들의 무덤 역시 돌담으로 둘러싸여 있으며, 이를 산담이라 부른다. 산담은 단순한 울타리가 아니라 조상의 묘를 보호하기 위한 장치로, 불에 태워지거나 방목 중인 가축으로부터 훼손되는 것을 예방하는 역할을 한다.

더욱이, 산담은 죽은 자의 영혼이 살아가는 장소로 여긴다. 제주 사람들은 돌을 사용하여 바람을 극복하며 살아가는 동시에, 죽음 이후에도 돌 속에서의 영혼의 존재를 믿었다. 이렇게 제주 사람들은 돌과 함께 살아왔으며, 죽어서도 여전히 돌의 품 안에서 존재한다고 믿었다. 이는 제주 사람들만의 독특한 문화와 철학을 보여 준다.

그럼 이제 다음 주제로 넘어가서 이 돌과 나무의 연합이 갖는 생태적 의미에 대해 더 깊이 공부해 보도록 하자.

제주의 바람과 나무

바람은 나무에 생리적으로 여러 가지 큰 영향을 미친다. 이 점을 조금 더 깊이 살펴보면, 나무의 생태계에서 바람이 어떤 역할을 하는지를 잘 이해할 수 있다.

바람이 나무에 미치는 생리적 영향

나무의 생장 및 생리적 과정에 있어서 바람은 매우 중요한 역할을 한다.

우종영은 《바람》(2018)에서 "나무뿌리가 깊은 원인의 8할은 바람이다. 바람이 생명을 키운다."라고 말한다.

※ 우종영(2018), 94쪽

가. 이산화탄소의 확산

- 역할: 바람은 대기 중의 이산화탄소를 숲속으로 효율적으로 확산시키는 역할을 한다.
- 중요성: 이산화탄소의 농도가 대략 0.037%에 불과하므로, 바람이 없으면 이 기체의 보충이 어려워져 나무가 정상적인 광합성을 진행할 수 없다. 광합성 과정은 나무의 생존과 성장에 필수적이며, 바람 없이 이 생리적 과정이 원활히 이루어질 수 없는 이유이다.

나. 증산작용의 촉진

- 역할: 바람은 나무의 잎에서 발생하는 공기 경계층의 두께를 줄여

기압을 낮추고, 이를 통해 증산작용을 촉진한다.
- 정의: 증산작용은 나무가 잎을 통해 수분을 증발시켜 뿌리에서 흡수한 물과 영양분을 위로 올리는 과정이다.
- 효과: 물이 증발함으로써 나무 내의 수분 압력이 유지되고, 안정적인 생명 활동이 가능해진다.

다. 직경 생장의 도움
- 역할: 바람은 나무의 높이 성장을 억제하고 대신 나무의 지름이 두꺼워지도록 도와준다.
- 성장 메커니즘: 나무는 바람에 의해 흔들리면서 더 단단하고 튼튼한 구조를 갖추게 된다. 이는 바람의 힘에 저항하기 위한 자연적인 적응 전략이다.

라. 뿌리 생장의 촉진
- 역할: 바람의 흔들림은 나무에 생존의 위협으로 인식되며, 이를 감지하면 뿌리를 확장하게 된다.
- 적응 전략: 바람이 불 때마다 나무는 그 위험을 감지하고 뿌리 생장을 촉진하게 된다.

이처럼 바람은 나무의 생장과 생리적 과정에 다각적인 영향을 미치며, 나무가 건강하게 성장하고 환경에 적응하는 데 필수적인 요소로 작용한다.

바람의 이점

1. 증산작용 촉진: 바람은 나무의 증산작용을 촉진하여 물과 영양소의 흡수를 도와준다. 이는 나무가 건강하게 자라는 데 필수적인 과정이다.
2. 온도 조절: 바람은 여름철의 고온으로부터 나무를 보호하고, 더위로 인한 스트레스를 줄여 준다.
3. 수분과 씨앗 확산: 바람은 꽃가루와 씨앗을 주변 지역으로 퍼뜨려 나무가 번식할 수 있도록 돕는다.

바람이 주는 스트레스

1. 강한 바람과 뿌리 성장: 나무는 강한 바람, 특히 태풍과 같은 극한 상황에서 더욱 깊은 뿌리 성장에 초점을 맞추게 된다. 이러한 강풍은 나무가 안정성을 유지하기 위해 뿌리를 더욱 확장하고 깊게 성장시키는 원동력이 된다.
2. 스트레스에 대한 적응: 나무는 바람에 노출됨으로써 자신의 구조적 강도를 강화하는 방법을 배우게 된다. 이 과정에서 뿌리와 줄기의 두께 및 강도가 증가하게 된다.

결론

나무는 환경의 변화, 특히 바람에 적응하면서 뿌리를 더 깊게 성장시키고, 이는 나무의 생존과 지속 가능성을 높이는 데 중요한 역할을 한다. 바람은 나무에 위협이 될 수도 있지만, 동시에 조화로운 성장의 기회를 제공한다. 이를 통해 나무는 자신을 지속해서 발전시켜 나간다.

한라생태숲 근무 중 태풍과 나무들: 분석 및 문제 제기

중형급 태풍 '솔릭'(2018년 8월)은 거의 24시간 동안 제주를 휘몰아쳤다. 한라생태숲의 나무들은 대체로 10년에서 20년 이상 자란 나무들로, 태풍 이후 상당수가 잎과 열매가 떨어지고 가지가 부러졌다. 일부는 뿌리째 뽑혀 쓰러지기도 했다.

가. 왜 나무가 힘없이 쓰러졌을까?

나무가 힘없이 쓰러진 주된 원인은 뿌리가 깊게 내려지지 않았기 때문이다. 지상의 가지와 잎이 크고, 지하의 뿌리가 작은 나무는 강한 바람에 더 쉽게 쓰러질 위험이 있다. 조사 결과, 대부분의 쓰러진 나무는 탐방로 옆에 심어진 나무들이었고, 이들은 뿌리가 뽑혀서 쓰러졌다.

나. 왜 숲속 나무는 쓰러지지 않았을까?

숲속의 나무들은 뿌리로 서로 연합하여 강한 바람을 이겨냈다. 반면, 길가에 있는 나무들은 혼자서 강한 바람을 견디기 어려워 쓰러진 것이다.

이 사례는 나무의 뿌리와 바람의 관계, 나무가 뿌리로 서로 연합하여 바람을 이겨내는 방식을 잘 알려 준다.

숲을 이룬 나무들   홀로 있는 나무들

해남 대흥사 느티나무가 천년을 살아가는 지혜

해남 대흥사 만일암터 느티나무는 수령 1,100여 년을 넘긴 나무이다. 느티나무는 그 외형과 매력적인 꽃, 열매로 많은 사람에게 사랑받는 정자 목이자 당산목, 그리고 보호수이다. 이러한 느티나무는 단순한 나무가 아니다. 그것은 우리에게 긴 삶을 살기 위한 중요한 교훈을 전해 준다. 느티나무의 이름은 '느리게 자랄수록 티가 난다.'라는 의미에서 유래되었다고 하며, 이는 오랜 시간 동안 느티나무가 어떻게 성숙해 가는지를 상징한다.

느티나무가 천년을 살기 위해 가장 중요한 것은 유형기에게서의 건강한 뿌리 생장이다. 대부분의 한해살이풀은 생애의 처음에 꽃을 피우고 씨앗을 남기는 것이 주된 목표이기 때문에 뿌리 생장에 그다지

신경을 쓰지 않는다. 하지만 수백 년을 사는 느티나무는 다르다. 이는 초기에 영양생장, 즉 뿌리와 줄기를 키우는 데 주력을 해야 한다.

식물의 성장 과정은 영양생장과 생식생장으로 나눌 수 있다. 생식생장은 꽃과 열매를 맺는 과정을 의미하며, 이는 영양생장이 멈추도록 압박을 가한다. 인간의 성장 과정에서 초경이나 남자들의 겨드랑이털이 나기 시작하는 시기가 바로 이와 유사하다. 만약 나무가 어릴 때부터 생식생장을 시작하면, 주위의 다른 나무들에 의해 햇빛이 차단되어 결국 죽게 된다. 이런 이유로 느티나무는 초기에는 영양생장에 집중하며, 사람의 청소년기와 비슷한 유형기를 통해 튼튼한 뿌리를 발전시켜야 한다.

유형기의 기간은 나무마다 다르지만, 일반적으로 약 15년으로 여겨진다. 이는 나무가 뿌리를 깊이 내리며 필요한 수분과 영양분을 찾는 시기이다. 우종영 나무 의사는 "유형기 때는 뿌리를 중심으로 성장하는 데 집중하며, 주변 나무와의 경쟁에 신경을 쓰지 않는다."라고 이야기한다. 15살의 나무가 되면 그제야 비로소 나무로서의 힘을 비축하게 되고, 더 오랜 시간 살 가능성을 가지게 된다.

오늘날, 우리는 100세 시대에 살고 있다. 느티나무처럼 시간이 지날수록 멋지고 건강하게 살아가기 위해서는 유형기의 뿌리 성장이 중요하다. 뿌리가 튼튼히 자리를 잡아야만 비로소 나무는 줄기와 가지를 키우고 꽃과 열매를 맺게 된다.

　이 사실은 우리 아이들에게도 중요한 교훈이 된다. 여러분의 자녀는 과연 강한 바람을 직접 느끼며 자라게 하는 것일까? 아니면 부모가 바람막이 역할을 하고 있어, 그들을 보호하며 대신 고통을 감수하고 있지는 않을까? 부모가 자녀의 미래를 위해서라면 큰 수고를 하겠지만, 때로는 그들이 자신의 힘으로 어려움을 이겨내고 성장할 기회를 주어야 할 필요도 있다.

　강한 바람은 어렵고 힘든 경험일 수 있지만, 그런 과정에서 아이들은 더 건강하고 탄탄한 뿌리를 내리며 자라날 수 있다. 그들이 어려움을 겪는 것을 지켜보는 것은 마음 아픈 일이지만, 그러한 경험은 나중에 더 뚜렷한 강인함과 생명력을 가져다줄 것이다. 산뽕나무가 그랬던 것처럼, 아이들도 그들의 삶 속에서 강한 바람을 맞으며 성장하게 할 수 있는 지혜를 가지고 있어야 한다.

삼나무숲의 협력과 연대

　수십 년 된 삼나무숲이 우거진 곳에서는 높이 20m를 넘는 나무들이 자생하고 있다. 이곳의 나무들은 생장 과정에서 서로 치열하게 경쟁하지만, 단순히 경쟁에 그치지 않고 서로를 돕는 아름다운 협력의 관계를 맺기도 한다. 경쟁은 끊임없이 일어나지만, 뿌리를 통해 영양분을 공유하며 공생하는 모습을 관찰할 수 있다.

독일의 숲 연구가 팰 터 볼레벤은 그의 저서 《나무수업》(2016)에서 이러한 나무 간의 협력을 놀라운 방식으로 설명한다. 건강한 너도밤나무들이 약한 나무나 상처 입은 나무에 영양분을 공급해 주는 현상을 관찰한 그는, 왜 나무들이 경쟁자일 수 있는 다른 나무와 소중한 자원을 나누는지에 관한 질문을 던진다.

약한 나무에 영양분을 제공하지 않는다면, 그 나무는 더욱 빨리 죽게 되고, 그 결과로 숲에는 구멍이 뚫리게 된다. 그런 구멍이 생기면, 폭우나 강한 바람이 불 때 건전한 나무들마저 위험에 처하게 된다. 그러므로 숲의 생태계에서 모든 나무는 서로에게 중요한 존재이며, 이들은 서로를 돕는 것이 결국 자신에게도 이익임을 깨닫고 있다. 이러한 뿌리를 통한 긴밀한 연결이 강한 숲이 오래 유지되는 비결이다.

이와 같은 원리는 미국 캘리포니아의 레드우드 국립주립공원에서도 확인할 수 있다. 이곳의 레드우드 나무들은 최대 100m에 이르는 세계에서 가장 높은 나무로 알려져 있다. 신기하게도 이 나두들의 뿌리는 수직으로는 2~3m에 불과하지만, 옆으로는 20~30m까지 뻗어지며 서로 얽혀있다. 이처럼 나무들이 서로의 뿌리와 연결되어 있어, 강한 태풍이나 가뭄의 상황에서도 쉽게 쓰러지지 않고 서로를 지켜주는 거대한 군락을 이룬다.

이러한 개념은 우리의 인생에서도 적용될 수 있다. 삶에서 쓰러지거나 사라진 나무들처럼, 나와 아무런 관계가 없어서 버린 사람들의 빈 자리가 많을수록 나는 인생의 폭풍우에 더 쉽게 쓰러질 수 있다. 때때로 이웃에게 상처를 받기도 하지만, 결국 우리를 지탱해 주는 것은 그들과의 연결이다.

삼나무숲의 협력과 연대처럼, 우리도 서로를 지지하며 힘을 합치고 연결되어 있어야 한다. 그렇게 함으로써 우리는 인생의 위기를 함께 극복하고 더 강한 존재로 성장할 수 있을 것이다.

돌과 바람, 그리고 천연림의 생명력
천연림에 자생하는 나무들은 태풍의 강풍에도 불구하고 큰 손해를 입지 않았다. 반면, 사람들이 조성한 공원에 심어진 나무들은 심각한 손해를 입었다는 사실이 이를 뒷받침한다.

그렇다면 왜 이러한 차이가 생긴 것일까?
천연림의 나무들은 처음 씨앗이 떨어진 곳에서부터 돌과 바람이라는 환경 요소에 맞서 싸워야 했다. 그 씨앗이 떨어진 곳은 이미 다른 나무들이 뿌리를 내리고 있는 장소이기도 하다. 이러한 환경 속에서, 천연림의 나무들은 유형기 시절부터 뿌리 생장에 집중하여 척박한 자연조건에 적응하며 성장해 왔기에, 강한 바람에도 잘 견딜 수 있는 능력을 갖추게 되었다. 또한, 이웃 나무들과 뿌리로 얽히며 서로 경쟁하고 연결된 관계를 형성함으로써 생존력을 더 높였다.

제주에서는 "제주의 돌은 나무도 풀도 자라게 한다."라는 이야기가 있다. 제주도의 돌은 화산활동으로 형성된 현무암으로, 표면에 미세한 구멍이 많다. 이로 인해 구멍 속에 수분이 함유되고, 이끼와 같은 생물들이 잘 자랄 수 있는 조건을 제공한다. 이러한 환경은 나무의 씨앗이 작은 물과 영양분을 흡수하여 뿌리를 내리고 성장할 수 있도록 돕는다.

육지에서는 나무의 뿌리가 돌을 뚫고 자라거나, 틈새로 자라겠지만, 제주에서는 나무의 뿌리가 돌을 부술 필요 없이 돌을 감싸안으며 자라난다. 이렇게 수십 년, 수백 년을 살아남은 나무들은 그 뿌리 속에 수많은 돌을 품고 있다. 그래서 흙에 뿌리를 내리고 자라는 나무는 태풍이 오면 쉽게 뽑혀 쓰러지지만, 돌에 뿌리를 내리고 자라는 나무들은 절대 쓰러지지 않는다고 전해진다.

제주 속담에 "돌은 낭 으지허곡, 낭은 돌 으지헌다."라는 말이 있다. 여기서 '돌'은 나무를 의지하고, '나무'는 돌을 의지한다는 뜻이다. 씨앗이 뿌리를 내리자마자 마주친 돌이라는 장애물은 당장 생존의 위기처럼 보일 수 있으나, 그러한 도전을 잘 극복함으로써 다음 태풍을 이길 기회를 만드는 것이다.

이처럼 천연림의 나무들은 돌과 함께 협력하여 강한 바람을 이겨내며 생명력을 유지하고 있다. 이는 우리에게도 중요한 교훈을 주고 있

다. 우리는 인생의 어려움과 도전에 직면했을 때, 이를 극복할 수 있는 요소를 주변에서 찾으며, 연대감을 통해 더 강한 존재로 성장할 수 있다. 돌과 나무의 관계처럼, 서로의 의지와 협력 속에서 우리는 더욱 힘차게 나아갈 수 있다.

어린나무의 성장과 아동의 성장 비교하기

지금까지 나무가 어떻게 강한 바람과 어려운 환경 속에서 생존하고 성장하는지를 알아보았다. 나무는 바람과 함께 살아가며, 강한 바람을 견디기 위해 뿌리 발육에 집중하는 생존 전략을 마련하고 있다. 특히 공원에 심어진 나무와 천연림에서 자생하는 나무의 뿌리 생장은 천차만별임을 상기할 때, 자연의 법칙을 따른 나무의 성장 방식이 더욱 두드러진다.

숲속에서 잘 자라나는 아동기 나무들, 특히 페터 볼레벤이 전한 너도밤나무의 사례처럼, 어미 나무는 어린나무가 뿌리를 튼튼히 내릴 수 있도록 햇빛을 일부러 차단한다. 10년 이상 기다리며 어린나무가 준비될 수 있도록 돕는 이와 같은 과정은, 결국 뿌리가 든든히 내리면 이후의 생장 속도가 가속화됨을 알려준다.

반면, 동원에서 자라는 아동기 나무는 좋은 환경 속에 놓여 있지만, 지지대로 인해 자주 흔들리지 않으므로 뿌리 생장은 저조하게 된다. 관리사는 물과 영양분을 공급해 주므로 어린나무는 뿌리를 성장시키기보다 지상부를 빠르게 키우려 하게 된다. 이는 마치 과보호 속에 자라는 아이가 독립심을 늦게 가지는 원리와 같으며, 결과적으로 홀로 설 수 있는 능력을 잃거나 늦게 가지게 된다. 이런 나무들은 관리사가 없으면 쉽게 쓰러지고 말 것이다.

이제 여러분의 자녀는 과연 어떤 환경에서 자라고 있을까? 천연림 속과 같은 환경에서 스스로 경험을 통해 강하게 성장하고 있는지, 아니면 공원에서 과보호 속에서 자라고 있는지에 대해 질문해 보아야 한다.

흔들리며 크는 나무에서 찾는 지혜

흔들리며 자라는 나무는 비바람 속에서도 꺾이지 않으려는 꿋꿋한 의지를 보인다. 눈에 보이지 않는 그 뿌리들은 힘겹게 지구를 붙잡고 있으며, 그 결과로 우리는 아름다운 나무와 풍성한 열매를 보게 되는 것이다.

"흔들리지 않고 크는 나무가 없듯이, 흔들리지 않고 자라는 아이가 없다."라는 말은 우리의 삶에서도 중요한 의미를 지닌다. 흔들림은 성장의 일부이며, 이러한 경험을 통해 우리는 더욱 단단한 존재가 되어 간다. 나무가 아름드리로 성장하기 위해서는 바람의 흔들림을 견뎌야 한다는 것을 잊지 말아야 한다. 우리 모두, 특히 어린 자녀들이 미래에 강한 뿌리를 내릴 수 있도록 지혜롭고 참을성을 가지고 지켜봐야 할 것이다.

나무 중의 나무 - 참나무

≡ 2020년 길 위의 인문학 - '숲과 인문학' 영상 강의 내용

참나무란?

'참'이라는 순수한 우리의 말은 그 자체로도 정말 좋은 의미를 지니고 있다. 그러므로 '참'이라는 말이 어떤 단어 앞에 오면, 다음에 오는 단어는 모두 더 긍정적인 뜻을 가진다. 접두어 '참'의 의미는 진짜, 으뜸이라는 것이다.

참사랑, 참마음, 참사람, 참말, 참뜻…. '참'이라는 말은 거짓의 반대말로서 진짜라는 의미를 가지며, 또한 으뜸이라는 뜻도 내포하고 있다.

생명체에서도 '참'이라는 표현이 붙어 있는 것들이 종류마다 하나씩 있다. 깨 속에서도 최고는 참깨이며, 참깨에서 짜낸 기름은 역시 참기름이라고 불린다. 어류 중에도 참돔이 있고, 진짜 나무인 참나무로 만든 숯은 또한 숯 중의 으뜸인 참숯이다. 나무 중에서도 으뜸인 것은 바로 참나무이다.

나무 이름 앞에 '참'을 붙이는 것은 그 나무가 가지는 의미나 상징성이 기준이 되거나 으뜸이 됨을 증명하는 것이다. 따라서 사람들은 '참'이라는 글자를 한자로 이해함으로써 그 나무에 대한 신뢰와 가치를 인정하게 된다.

우리가 흔히 참나무라고 표현하는 나무는 참나무과 참나무속의 나무 전체를 통칭하여 부르는 이름으로, 정확하게는 '참나무류' 나무라고 표현해야 한다.

참나무는 그 견고함과 아름다움 덕분에, 오랜 세월 동안 사람들에게 사랑받아 왔으며, 이는 그 자체로만은 물론 주변 생태계에도 큰 영향을 미치고 있다. 참나무 숲은 다양한 생물에게 서식지를 제공하며, 그러한 생태계를 통해 자연의 소중함을 알려준다.

결론적으로 참나무는 그 이름처럼 진정한 가치와 의미를 지닌 나무로, 나무 중의 나무라 할 수 있다.

참나무와 그리스 신화

참나무는 유럽의 그리스 신화에서도 중요한 신성한 나무로 여겨졌다. 그리스 신화에서 참나무는 신탁(神託)을 내리는 성목(聖木)으로 숭배되었으며, 이는 인류와 신들 간의 소통을 상징하는 특별한 존재로 여겨졌다.

1. 로부르 참나무와 가이아: 그리스 신화에서 로부르 참나무(Quercus robur)는 땅의 여신인 가이아(Gaia)의 상징적인 나무로 여겼다. 가이아는 대지와 생명의 여신으로, 모든 생명의 근원으로 숭배받았으며, 그녀의 나무인 로부르 참나무는 자연과 조화를 이루는 존재로서 중요한 의미를 지니고 있다.
2. 도도나의 제우스 신전: 도도나에 있는 제우스 신전의 뒷마당에는 신탁을 들려주던 로부르 참나무가 있었다. 이 참나무는 신의 메시지를 전하는 중재자로 역할을 했으며, 사람의 말을 알아듣고 대화할 수 있는 능력을 지녔다고 전해진다. 이런 전통은 인간과 신의 관계를 강조하며, 신탁을 통한 의사소통의 중요성을 일깨워 준다.
3. 신성한 의미: 참나무의 이러한 신성한 이미지는 강한 뿌리와 고

귀한 수형에서 비롯된 것으로, 오랫동안 존재해 온 자연의 힘과 지혜를 상징한다. 참나무는 그 자체로도 숭배의 대상이 되었으며, 고대 그리스에서 인생의 길잡이로서의 역할을 했던 것으로 여겨진다.

이렇듯, 참나무는 단순한 나무 이상의 심오한 의미를 지니며, 문화와 신화 속에서 중요한 존재로 자리 잡고 있다. 현대인들도 이러한 전통과 신화를 통해 참나무의 가치와 역할을 새롭게 인식할 수 있을 것이다. 참나무는 우리의 삶과 자연을 연결하는 중요한 매개체로, 역사와 문화 속에서 그 중요성이 계속해서 이어져 오고 있다.

참나무과 종류

참나무과 나무에는 참나무속, 밤나무속, 너도밤나무속, 구실잣밤나무속, 가시나무속 등 5속이 있다.

난대수종의 참나무과 나무
제주도의 난대수종에 속하는 참나무과 나무는 가시나무속을 포함하고 있다. 이 지역에서 자생하는 주요 상록활엽수로는 다음과 같은 나무들이 있다:

1. 종가시나무(Castanopsis sieboldii): 이 나무는 특히 제주도에서

많이 자생하며, 상록수로서 다양한 환경에 잘 적응한다.
2. 붉가시나무(Castanopsis cuspidata): 붉가시나무는 지방에 따라 다양한 생태적 역할을 하며, 그 독특한 수피와 우아한 잎사귀가 특징이다.
3. 참가시나무(Castanopsis ovata): 이 나무는 제주도의 숲에서 흔히 볼 수 있는 품종으로, 그 강한 내구성과 생명력으로 잘 알려져 있다.
4. 개가시나무(Castanopsis dentata): 제주도의 환경에 적합한 개가시나무는 그늘에서 자생하는 경향이 있으며, 아름다운 잎사귀로 유명하다.

이러한 나무들은 제주도의 독특한 생태계와 생물다양성을 형성하는 중요한 구성 요소들이다. 각각의 나무는 그 자체로도 아름답고 생태적 역할을 수행하며, 제주도의 자연 경관을 더욱 풍요롭게 만든다.

참나무과 나무의 특징

참나무는 우리나라에서 매우 중요한 위치를 차지하는 대표적인 수종으로, 다음과 같은 특징이 있다:

1. 상징적 의미: 참나무는 소나무와 함께 우리 민족을 상징하는 나무로 여겨진다. 이는 오랜 시간 동안 한국의 자연환경과 문화에 깊이 뿌리내리고 함께해 온 결과이다. 전체 산림의 약 24.2%를

차지하며(소나무 21.9%), 이는 참나무가 얼마나 넓은 면적에서 자생하는지를 잘 보여 준다.

2. 안정적인 생장 조건: 참나무는 다양한 환경에서 자생할 수 있는 강한 생명력을 지니고 있다. 기온이 높거나 낮은 지역, 평야, 고산 지역, 계곡, 능선부 등 거의 모든 지역에서 쉽게 볼 수 있다. 이는 참나무가 토질이 좋지 않거나 가혹한 조건에서도 잘 견딜 수 있는 특성을 가지고 있음을 의미한다. 일반적으로 활엽수는 토질이 좋지 않은 땅에서 생육하기 어려운 경우가 많지만, 참나무는 그러한 환경조차도 극복할 수 있는 능력을 가지고 있다.

3. 내화성: 참나무 숲은 자연재해와 인간의 간섭에도 잘 견디는 강한 특성을 지니고 있다. 산불이 발생해도 참나무는 쉽게 죽지 않으며, 그 생명력과 회복력은 다른 수종에 비해 우수하다. 이러한 특성으로 인해 참나무 숲은 오랜 시간 동안 지속 가능성을 유지한다.

이렇듯 참나무는 생태계 내에서 중요한 역할을 수행하며, 그만큼 우리에게도 소중한 자원으로 여겨질 수 있다. 이 나무는 단순한 자연 자산을 넘어 문화와 역사에도 깊은 영향을 미친 상징적인 식물이다.

참나무는 우리의 일상생활과 밀접한 관계를 맺고 있으며, 우리가 알고 있거나 모르고 있는 다양한 특징이 있다. 특히, 참나무의 쓰임새는 매우 다양하여 다양한 분야에서 중요한 역할을 한다.

2. 참나무과 나무의 특징

1. 밤, 도토리 등 열매를 맺어 숲 생명체에 양식 제공

2. 참나무는 숲속 곤충들의 먹이가 된다 (369종류)

1. 식량 자원: 참나무의 열매인 도토리는 사람들과 동물 모두에게 겨울철 필수 식량으로 가능합니다. 도토리는 저장성이 뛰어나 겨울 동안 다람쥐, 청설모, 어치, 너구리 등 여러 동물의 주요 먹이가 된다. 이들은 도토리를 땅속에 숨기고, 소비되지 않은 도토리는 다음 해에 발아하여 새로운 참나무가 자생하는 데 기여한다.

2. 생태계의 중요한 구성 요소: 참나무는 숲속 생태계에서 많은 곤충의 서식지와 식량이 된다. 약 80만 종의 곤충 중 40만 종이 식물에 의존하며, 그중 약 32만 종은 특정한 나뭇잎만을 먹는다. 참나무는 다양한 곤충에게 중요한 먹이가 되어, 이들 곤충이 없을 경우 참나무 잎을 먹으며 생존한다. 현재까지 확인된 바로는 300여 종의 곤충이 참나무의 잎이나 줄기의 즙을 섭취한다는 것이며, 이런 곤충들이 줄어들 경우 숲속 생태계는 파괴될 위험에 처할 수 있다.

3. 목재의 활용: 참나무는 목재로서 재질이 단단하고 아름다운 문양을 가지고 있어 가구와 실내 장식의 재료로 널리 사용된다. 참나무로 만든 제품은 휘어짐이나 뒤틀림이 적은 강한 내구성을 자랑하여 선박, 농기구, 건축 자재 등 다양한 분야에서 활용된다.
4. 참숯: 참나무의 단단한 재질은 목탄을 만드는 데 매우 적합하다. 1960-70년대에는 소나무보다 참나무가 도벌되는 것이 상대적으로 덜 심각하게 여겨지기도 했다. 참나무 숯은 높은 화력과 독특한 향기로 인해 연료로서 뛰어난 효과가 있으며, 탈취 및 제습 효과 또한 좋아 여러 용도로 활용된다.
5. 참나무와 표고버섯: 표고버섯은 참나무와 밀접한 관계가 있다. 표고버섯은 주로 참나무 원목이나 톱밥에서 재배된다. 표고버섯은 항암효과가 탁월하다는 연구 결과가 있으며, 레티난 성분이 이를 담당하고 있다. 또한, 혈관 기능 개선에 도움이 되며, 뼈 건강을 지원하는 에리타데닌 성분도 함유되어 있다. 이러한 이유로 표고버섯은 건강식품으로 각광받고 있으며, 참나무에서 재배됨으로써 자연친화적인 방법으로 생산된다.
6. 와인 숙성 참나무통: 서양에서 와인을 숙성하는 데 사용되는 통은 주로 참나무(오크)로 만들어진다. 참나무통 속에서 숙성된 와인은 물과 알코올이 나무의 틈새로 증발하면서 동시에 외부의 산소가 나뭇결 사이로 스며든다. 이 과정에서 와인은 보다 부드러워지고, 독특한 향과 풍미를 얻게 된다. 참나무는 와인 숙성 과정에서 매우 중요한 역할을 하며, 그 특유의 향이 와인에 깊이를 더

한다.
7. 선박용 목재: 참나무는 역사적으로 선박 제작에 널리 사용되었다. 1800년대, 참나무 숲은 국가 부강에 중요한 기여를 했으며, 특히 영국 해군의 트라팔가 해전에서 중요한 역할을 한 HMS 빅토리호 또한 참나무로 제작되었다. 이 전함을 만들기 위해서 다 자란 참나무 2천 그루가 필요했으며, 이는 참나무가 얼마나 단단하고 내구성이 뛰어난지를 보여 준다. 참나무로 만들어진 선박은 긴 항해에서도 견디는 힘이 있어 해양 산업에서도 중요한 자원으로 사용되었다.

이와 같이 참나무는 우리의 생활에 많은 영향을 미치고 있으며, 생태계에서 중요한 역할을 하며 식품에서부터 와인, 그리고 선박에 이르기까지 다양한 분야에서 중요한 자원으로 자리 잡고 있다.

참나무와 관련된 역사적 인물 - 손기정 선수와 대왕참나무

손기정 선수는 한국 스포츠 역사에서 중요한 인물로, 1936년 베를린 올림픽에서 마라톤 금메달을 획득한 영웅으로 기억된다. 그의 이야기는 단순한 스포츠 성취를 넘어 한국의 역사와 정체성, 그리고 개개인의 희망과 투지를 상징하는데, 특히 그가 받았던 대왕참나무 묘목은 이러한 의미를 더욱 강화한다.

손기정과 대왕참나무 묘목

1. 베를린 올림픽의 역사적 사건: 손기정 선수가 1936년 8월 9일 베를린 올림픽 마라톤에서 우승하며 한국 최초로 올림픽 금메달을 획득했다. 그는 독일 총통 아돌프 히틀러로부터 대왕참나무 묘목을 받았고, 이는 역사적 상징성을 지니고 있습니다. 이 묘목은 단순한 기념품이 아닌, 그가 겪었던 수많은 감정과 역사적 맥락을 담고 있다.

2. 일장기 가리기: 손기정은 1936년 8월 9일 열린 베를린 올림픽에서 2시간 29분 19초로 우승했다. 손기정은 메달 수여식에서 히틀러에게서 받은 화분으로 가슴에 새겨진 일장기를 가렸다. 손기정이 우승 후 일본 선수단이 마련한 축승회 대신 안봉근의 집에서 태극기를 처음 보고 전율했다는 사실은 그가 느낀 고통과 자긍심을 잘 드러냅니다. 이는 식민지 시절의 억압과 그 속에서도 자신의 정체성을 찾으려던 그의 마음을 대변합니다.

3. 영웅의 미화가 아닌 진정한 유산: 손기정 선생의 외손자 이준승 손기정기념재단 사무총장은 할아버지가 일본에 항거한 영웅으로 미화되는 것이 아니라, 그가 남기고 싶어 했던 평화와 자유, 그리고 포기하지 않는 정신을 강조한다. 이러한 메시지는 현재에도 여전히 중요한 가치를 지니고 있다.

결론

손기정 선수와 그가 받은 대왕참나무 묘목은 단순한 기억의 대상이 아니다. 이는 한국 역사와 국민의 정체성을 체화한 상징적인 사례이며, 그가 남기고자 했던 평화와 자유, 그리고 인내의 정신은 오늘날에도 여전히 우리의 삶 속에서 중요한 가치로 여겨진다. 이러한 이야기는 우리의 역사와 정체성을 잇는 중요한 연결 고리로 작용하며, 후세에도 전해져야 할 귀중한 유산임을 다시 한번 상기시킨다.

서울 중구 중림동에 있는 손기정 기념공원은 목동으로 이전한 양정고등학교 터에 자리 잡은 잘 꾸며진 공원이다. 이곳에서 일제시대에 세워진 빨간 벽돌 건물이 눈에 들어온다. 그 옆에는 베를린 올림픽에서 금메달을 차지한 손기정의 흉상이 서 있다.

손기정 선수가 성장하는 데 큰 영향을 미친 이는 바로 그의 스승이며 독실한 기독교인인 김교신(1901~1945)이다. 김교신은 단순히 마라톤을 가르친 것이 아니라, 어려운 시대 속에서도 학생들에게 한국 위인들의 이야기를 한국어로 들려주며 희망을 심어주었다. 일본어로만 수업이 진행되고 한국어를 사용하는 것조차 금지되었던 그 시절에, 그는 용기 있게 한국어로 수업을 진행하며 학생들에게 귀중한 가르침을 전했다.

손기정은 도쿄에서 열린 베를린 올림픽 예선전에 김교신과 함께 참가했으며, 나중에 "다른 사람은 아무도 보이지 않고, 오직 스승의 눈물만 보고 뛰어 우승할 수 있었다."라고 회상했다.

공원에는 손기정이 베를린 올림픽에서 우승할 때 받았던 대왕참나무 묘목도 잘 자라 하늘 높이 솟구쳐 있다. 아름다운 공원은 손기정과 김교신의 이야기도 함께 담고 있어, 방문객들에게 깊은 감동을 선사한다.

4

숲은 생존 투쟁의 현장

* 2021년 길 위의 인문학 - '숲과 인문학' 영상 강의 내용

식물 생장의 필수 4가지 요소 - 빛 온도 수분 토양

　식물 생장하려면 필수적으로 고려해야 할 네 가지 요소는 빛, 온도, 수분, 그리고 토양이다. 이 요소들은 식물의 성장과 건강에 있어 결정적인 영향을 미친다. 각각의 요소에 대해 좀 더 자세히 알아보자.

1. 빛: 식물은 광합성을 통해 에너지를 생성하므로 적절한 빛이 매우 중요하다. 빛의 양, 질, 그리고 주기가 식물의 성장 속도와 방향에 영향을 미친다. 햇빛이 잘 드는 장소에 식물을 두거나, 인공조명을 활용하여 적절한 빛을 제공해 주어야 한다.
2. 온도: 식물의 생장에 적합한 온도 범위는 종류에 따라 다르지만, 일반적으로 너무 낮거나 높은 온도는 식물의 생리적 기능에 나쁜 영향을 미친다. 특정 식물은 따뜻한 기후를 좋아하고, 다른 식물은 서늘한 환경에서 잘 자라는 등 온도 관리가 필수적이다.
3. 수분: 수분은 식물의 생명 유지에 필수적인 요소이다. 과도한 수분은 뿌리 썩음을 유발할 수 있고, 반대로 수분이 부족하면 식물이 시들고 고사할 수 있다. 각 식물의 필요에 맞게 적절한 수분을 공급하는 것이 중요하다.
4. 토양: 토양은 식물이 성장하는 물리적 환경을 제공할 뿐만 아니라, 식물이 필요로 하는 영양분을 공급하는 역할도 한다. 질 좋은 토양은 적절한 배수와 공기 투과성을 가지고 있으며, 영양소가 풍부해야 한다. 격식을 갖춘 토양 관리는 안정적인 식물 성장을 위해 필수적이다.

이 네 가지 요소는 상호 작용하며, 함께 고려해야 한다. 건강한 식물은 이러한 요소들이 적절히 조화롭게 관리될 때 비로소 자랄 수 있다.

식물의 생존 투쟁 이유

식물이 생존 투쟁할 수밖에 없는 이유는 한정된 필수 자원과 경쟁하는 이웃 식물 때문이다.

예를 들어 우리가 쉽게 눈으로 볼 수 있는 사례는 숲에서 나무의 키 높이 경쟁이다. 이러한 경쟁은 여러 요인에 의해 영향을 받으며 다음과 같다.

1. 빛 경쟁: 나무들은 햇빛을 받기 위해 서로 경쟁한다. 높은 나무가 더 많은 햇빛에 접근할 수 있으므로, 자생 식물 간의 경정에서 높은 위치를 차지하는 것이 중요하다.
2. 뿌리의 자원 접근: 나무의 뿌리는 지하수와 영양소를 찾기 위해 땅속에서도 경쟁한다. 더 깊고 넓게 뻗은 뿌리 시스템을 가진 나무가 더 많은 자원을 얻을 수 있기 때문이다.
3. 종 다양성: 다양한 나무 종들은 서로 다른 생태적 지위를 차지하며, 이로 인해 경쟁이 다소 완화될 수 있다. 어떤 나무는 일조량이 더 많은 높은 곳에서 자라지만, 다른 나무는 그늘에서 더 잘 자란다.
4. 생장 속도: 나무의 생장 속도도 경쟁의 중요한 요소이다. 일부 나무는 조건이 좋을 때 빠르게 자라서 경쟁에서 우위를 점할 수 있다.
5. 환경 요인: 기후, 토양의 질, 물의 공급 등 다양한 환경적 요인이 나무의 생장에 영향을 미쳐 경쟁에 있어 우위가 달라질 수 있다.

나무의 경쟁과 생존 전략

숲 생태계에서 나무들은 다양한 생존 전략을 통해 경쟁하고 생존한다. 이러한 생존 전략은 환경적 요인과 생태적 지위에 따라 다르게 나타난다. 주요 생존 전략은 다음과 같다:

ChatGPT & GPT – 40(2025) '나무의 생존 전략'

가. 생장 속도의 다양성:
- 빠른 생장 나무: 일부 나무는 초기 생장 속도가 빠르며, 경쟁이 치열한 환경에서 빠르게 높이 자라 빛을 확보한다. 예를 들어, 아까시나무와 같은 빠르게 성장하는 종이 있다.
- 느린 생장 나무: 느린 성장 나무는 장기적으로 고유한 생태적 특성을 발달시켜 오래 살 수 있다. 이러한 나무들은 종종 내구성이 강하고 스트레스에 잘 견디는 특성을 가진다.

나. 형태적 적응:
- 높은 키 나무: 나무들은 경쟁에서 최전선에 나서기 위해 높이 자라는 경향이 있다. 높은 가지를 가진 나무는 더 많은 햇빛을 받을 수 있어 유리하다.
- 다양한 뿌리 구조: 강하고 깊은 뿌리 시스템을 가진 나무들은 수분과 영양소를 더 잘 확보할 수 있다. 반면, 표면에 넓게 펼쳐지는 뿌

리를 가진 나무는 빠른 수분 흡수가 가능하다.

다. 잎 모양:
- 넓은 잎: 잎이 넓은 나무는 햇빛을 효율적으로 수확할 수 있다. 그러나 물 손실이 클 수 있어 건조한 환경에서는 단점이 될 수 있다.
- 작은 잎: 작은 잎을 가진 나무는 물 손실을 줄일 수 있지만, 햇빛을 효과적으로 흡수하는 데 한계가 있다.

라. 생식 전략:
- 대량 생식: 많은 씨앗을 생산하여 확산하고 조건이 좋은 곳에 새로운 나무를 심는다. 예를 들어, 참나무는 대량 씨앗을 생산한다.
- 조기 생식: 빨리 성숙하여 생식할 수 있는 특성을 통해 다음 세대의 생존 가능성을 높인다.

마. 상호작용:
- 협력과 경쟁: 나무들은 서로를 위해 자원을 공유하고, 이로 인해 생태계 내에서 서로 협력할 수 있습니다. 예를 들어, 특정 나무들은 다른 식물과의 상호작용을 통해 필요한 영양소를 받을 수 있다.
- 방어 메커니즘: 특정 나무들은 해충이나 질병으로부터 자신을 방어하기 위해 독성 물질을 생성하거나 가시를 발달시킨다.

이러한 전략들은 나무들이 서로를 경쟁하건서도 숲 생태계 내에서 균형을 이루고, 궁극적으로 더욱 건강한 생태계를 유지하는 데 중요한 역할을 한다.

나무의 방어 메커니즘

식물의 생존 경쟁에서 나무의 방어 메커니즘을 이해하는 것도 중요하다. 나무는 다양한 방어 메커니즘을 발달시켜 천적과 환경적 스트레스로부터 자신을 보호한다. 이러한 방어 메커니즘은 주로 물리적, 화학적, 생리적 방식으로 구분할 수 있습니다. 주요 방어 메커니즘은 다음과 같다:

ChatGPT & GPT - 4O(2025) '나무의 방어 메커니즘'

가. 물리적 방어
- 가시 및 바늘: 많은 나무는 가시나 바늘을 가지고 있어 동물들이 식물의 부분을 먹기 어렵게 만든다. 예를 들어, 산유자나무는 가시를 이용하여 초식동물로부터 보호받는다.
- 껍질: 두껍고 단단한 껍질은 나무의 내부 조직을 보호하는 데 도움을 준다. 예를 들어, 세쿼이아와 같은 나무들은 특히 두꺼운 껍질을 가지고 있어 화재나 해충의 공격에 저항성이 강하다.

나. 화학적 방어

- 독성 물질 생산: 식물은 포식자들로부터 도망치기 위해 이동할 수 없으므로 자신을 보호하기 위한 방식 중에 해충이나 초식동물에 대한 독성을 가진 화합물을 생성하여 자신을 방어한다. 예를 들어, 유칼립투스 나무나 차나무는 강한 향기와 함께 독성 성분을 방출해 해충을 퇴치한다.
- 수지 분비: 많은 침엽수는 수지를 분비하여 해충이나 상처를 입은 부분을 재생하는 데 도움을 준다. 이 수지는 자연 방부제 역할을 하여 감염을 방지한다.

다. 생리적 방어

- 자극 반응: 나무는 외부 자극에 반응하여 방어 작용을 강화할 수 있다. 예를 들어, 해충이 나무의 잎이나 줄기를 먹으면 나무가 화학물질을 방출하여 해충을 퇴치하는 물질을 생성하기도 한다.
- 사멸 및 재생: 나무는 손상된 부분을 대체하고 새로운 조직을 생성할 수 있는 능력을 갖추고 있다. 이를 통해 손상된 부분이 천적이나 병원균에 노출되는 것을 방지할 수 있다.

라. 생태적 상호작용

- 공생관계: 나무는 특정 곤충이나 미생물과의 공생관계를 통해 방어 메커니즘을 강화할 수 있다. 예를 들어, 개미와 공생하는 나무는 개미가 나무를 보호하는 대신 당분을 받는다.

- 부산물 활용: 일부 나무는 떨어진 잎이나 가지를 통해 병원균이나 해충을 유인하거나 분해함으로써 자신을 보호할 수 있다.

이러한 방어 메커니즘들은 나무가 다양한 환경적 스트레스와 생태계 구성원들과의 관계 속에서 생존할 수 있도록 돕는다.

식물의 번식 경쟁과 전략

식물은 씨앗을 퍼뜨리기 위해 다양한 전략을 활용하며, 이 과정에서 곤충과의 상호작용이 매우 중요한 역할을 한다. 식물은 곤충을 유인하기 위한 특정한 꽃의 구조, 색상, 향기 및 분비물 등을 활용하여 효율적으로 씨앗을 퍼뜨리고 경쟁한다. 다음은 곤충을 부르는 꽃의 경쟁에 대한 주요 요소이다.

① 꽃의 구조와 디자인
- 화려한 색상: 많은 꽃은 특정 곤충, 특히 벌, 나비와 같은 꽃가루 매개체를 유인하기 위해 눈에 띄는 화려한 색상을 가지고 있다. 이러한 색깔은 꽃가루를 찾는 곤충들에게 식별하기 쉽게 해 준다.
- 꽃의 모양: 꽃의 형상도 중요한 역할을 한다. 특정 곤충들이 수분하기 쉽게 구조화된 꽃은 그들의 접근을 쉽게 만든다. 예를 들어, 관 모양의 꽃은 긴 입을 가진 곤충들을 유인할 수 있다.

② 향기와 화학물질
- 향기: 꽃의 향기는 곤충을 유인하는 강력한 요소이다. 일부 꽃은 특정 화학물질을 방출하여 꿀을 제공하는 위치를 알려 준다. 이러한 향기 성분은 특정 곤충을 대상으로 하여 한정된 곤충만 유인하는 예도 있다.
- 꿀의 준비: 많은 꽃은 곤충이 꿀을 얻기 위해 접근하도록 유도하기 위해 꿀을 생산한다. 이 꿀은 꽃가루 매개체에서 에너지를 제공하고, 식물은 동시에 곤충에게 꽃가루를 전달받게 된다.

③ 경쟁적 상호작용
- 다양한 꽃과의 경쟁: 같은 지역에 자생하는 식물들이 꽃가루 매개체의 관심을 두고 경쟁한다. 이로 인해 식물 간의 경쟁이 발생하며, 서로 다른 특정 곤충의 관심을 끌기 위해 다양한 형태와 색상을 가진 꽃이 진화하게 된다.
- 시간적 경쟁: 식물들은 특정한 시기에 꽃을 피워서 곤충들이 다양한 식물 간에 이동할 수 있도록 하여 경장할 수 있다. 적절한 시기에 꽃을 피우는 것은 중요한 생존 전략이다.

④ 공생 및 상호작용
- 곤충과의 공생: 특정 식물과 곤충은 상호 이익을 위한 관계를 형성한다. 예를 들어, 식물은 꽃가루를 제공하고, 곤충은 수분을 통해 씨앗을 퍼뜨리는 데 도움을 준다. 이러한 공생관계는 둘 모두에게

유익하여 장기적인 성공을 보장한다.

식물들은 단순히 높은 경쟁이나 자원 확보에 그치지 않고, 곤충을 유인하는 다양한 방법을 통해 자신의 씨앗을 퍼뜨리고 진화를 지속해 나간다. 이러한 상호작용은 식물과 곤충 간의 복잡한 생태계를 구성하며, 생태계의 균형을 유지하는 데 중요한 역할을 한다.

결론

숲은 경이로운 생태계로, '경쟁과 공존'이라는 상반된 현상이 동시에 존재하는 공간이다. 이 두 가지 요소는 숲의 생명력과 다양성을 유지하는 핵심 메커니즘으로 작용한다.

첫째, 경쟁은 식물과 동물들 간의 자원 확보를 위한 끊임없는 싸움을 의미한다. 빛, 물, 영양분과 같은 필수 자원을 놓고 벌어지는 경쟁은 종종 생명체의 이동 방식과 생리적 특성에 영향을 미친다. 예를 들어, 더 높은 곳으로 자라나는 나무는 햇볕을 독점하게 되고, 그 결과로 주변의 저수준 식물들이 자생할 공간을 잃게 된다. 이러한 경쟁은 결국 식물의 다양성을 조절하며, 특정 종이 자생할 수 있는 환경을 만들어 낸다.

둘째, 공존은 식물과 동물들이 서로의 존재를 인정하고, 함께 살아가는 방식을 포함한다. 이는 협력적 관계를 통해 나타난다. 식물들은 곤충과의 상호작용, 예를 들어 꽃가루를 매개하는 곤충에 의해 꽃을 번식시키는 방식으로 공존을 이루어 내며, 이로 인해 생태계의 안정성을 증대시킨다. 또한, 뿌리와 미생물 간의 공생 관계는 영양분을 더 효율적으로 흡수하게 하며, 식물들이 필요로 하는 환경을 조성한다.

결국, 경쟁과 공존의 균형은 숲이 만들어내는 복잡하면서도 조화로운 생태계를 구성하는 요소이다. 이러한 상반된 힘들이 서로를 자극하며 발전시키는 원리 덕분에 숲은 그 자체로 경이로움의 상징이 된다. 이 공간은 끊임없이 변화하며, 한 편으로는 서로 싸우고, 다른 한 편으로는 함께 살아가는 모습을 통해 자연의 생명력과 아름다움을 드러낸다.

식물의 생존 전략은 단순히 투쟁에만 국한되지 않고, 서로의 이익을 고려하는 상호작용에 뿌리를 두고 있다. 예를 들어, 많은 식물은 주변의 미생물이나 곤충과 상생 관계를 형성한다. 이 과정에서 식물은 꽃가루나 꿀을 제공하며, 그 대가로 곤충은 식물의 수분을 도와준다. 또한, 식물의 뿌리에서 방출되는 화학물질은 토양 내의 영양분 순환에 이바지하며, 이는 다른 식물들의 생장을 촉진할 수 있다.

이러한 공존의 원리는 자연계에서 매우 중요한 역할을 하며, 이를 통해 식물들은 경쟁뿐 아니라 협력이라는 새로운 시각을 보여준다. 결국 식물들은 자신의 생명력과 번영을 돕기 위해 타 생물과의 협력을 만듦으로써, 생태계 내의 복잡한 네트워크를 유지하고 강화하는 방향으로 나아가고 있다. 이는 우리가 한 가지 생명체의 생존 방식에 대한 깊은 이해가 있어야 하며, 자연계의 상호 연결성을 강조하는 중요한 메시지를 담고 있다.

식물과 인간의 관계

인간과 다른 생물 간의 관계는 오랜 시간에 걸쳐 변화해 왔으며, 지금은 특히 환경 문제, 생물 다양성의 감소, 그리고 기후 변화 등으로 인해 그 중요성이 더욱 드러나고 있다.

1. 생태적 관점: 공존은 생태계의 건강과 지속 가능성을 위해 필수적이다. 다양한 생물들이 상호 작용하며 생태계의 균형을 유지하기 때문에, 특정 생물 종이 멸종하게 되면 전체 생태계에 부정적인 영향을 미칠 수 있다. 인간이 다른 생물과 공존하는 것은 장기적으로 인류의 생존과 번영에도 중요한 요소이다.
2. 윤리적 관점: 인간은 지구의 생태계를 관리할 책임이 있다는 윤리적 입장도 존재한다. 모든 생명체는 그 자체로 가치가 있으며, 인간의 활동이 다른 생물의 생존을 위협하는 것은 도덕적으로 문제가 될 수 있다. 따라서 다른 생물과의 공존은 윤리적으로 옳은 선택으로 볼 수 있다.
3. 철학적 관점: 공존의 개념은 인간 중심적 사고에서 벗어나, 인간

과 자연, 그리고 다른 생물들 간의 관계 재정립을 요구한다. '인간'이라는 존재가 자연 일부로서, 다른 생물들과의 연결과 상호작용을 인식하고 존중하는 것이 중요하다.

결국, 인류가 생태계의 일원으로서 다른 생물과의 공존을 선택하는 것은 인류의 지속 가능한 미래를 위해 필수적이며, 이를 통해 생물 다양성과 생태계의 건강을 지키는 것이 인류에게도 이익이 된다.

식물의 경쟁과 인간의 경쟁 비교 - 능력주의, 엘리트 세습, 공정

인간의 능력주의 경쟁사회와 자연 생태계의 공존은 상반된 성격을 지니고 있으며, 이 두 시스템은 각기 다른 원칙과 가치관을 바탕으로 작동한다. 아래에서 두 가지의 주제를 비교해 보자.

① 기본 원칙

· 능력주의 경쟁사회:
- 개인주의: 개인의 능력이나 성과에 따라 기회와 자원이 분배됩니다. 이는 개인의 노력과 성취를 중시하는 문화가 반영된 것이다.
- 경쟁: 성공을 위해 개인이나 조직 간의 치열한 경쟁이 필수적이다. 이 과정에서 불공정함이나 불평등이 발생할 수 있다.
- 성과 중심: 성과가 모든 것을 결정짓는 구조로, 성공적인 결과를

만들기 위해 종종 단기적인 목표에 집중하게 된다.

· **자연 생태계의 공존:**
- 상호 의존성: 생태계 내의 모든 생물은 서로 연결되어 있으며, 각자의 역할과 기능을 통해 생태계의 균형을 유지한다. 이로 인해 다양한 종이 공존할 수 있다.
- 협력과 공유: 자원을 효율적으로 활용하고, 상호 보완적인 관계를 형성하여 지속 가능한 생태계를 유지한다.
- 장기적 생존: 생태계의 목표는 생물들이 조화롭게 살아남는 것이며, 이는 환경에 대한 장기적인 관점에서 이루어진다.

② **자원 분배**

· **능력주의 경쟁사회:**
자원과 기회의 분배는 능력과 경쟁력을 기준으로 하며, 이로 인해 일부 개인이나 집단은 혜택을 누리지만, 다른 이들은 소외될 수 있다. 이러한 구조는 종종 사회적 불평등을 심화시키는 결과를 초래한다.

· **자연 생태계의 공존:**
자원은 생태계의 필요에 따라 순환적으로 사용되며, 서로 다른 생물들이 자원을 나누고 협력하는 관계를 형성한다.
생태계의 균형을 유지하기 위해 제한된 자원을 효율적으로 사용하게 된다.

③ 결과 및 영향

· **능력주의 경쟁사회:**
단기적인 성과와 개인의 성공이 강조되면서, 사회적 불평등과 경쟁 스트레스가 증가할 수 있습니다. 이로 인해 인간관계의 단절, 정신적 고립, 그리고 환경 파괴 같은 부정적 결과가 발생할 수도 있습니다.

· **자연 생태계의 공존:**
다양한 생물들이 서로의 존재를 존중하며 공동체를 형성함으로써 자연적 균형과 생물 다양성이 유지된다. 장기적 생존과 복지를 추구하는 지속 가능한 방식이 이루어지며, 이는 생태계의 건강성을 높이는 데 이바지한다.

결론

인간의 능력주의 경쟁사회와 자연 생태계의 공존은 각각의 목표와 원칙이 다르다. 사회가 성공의 개념을 재정의하고, 협력과 공존의 가치를 강조할 때, 인류가 직면한 환경 문제를 해결하고 더욱 지속 가능한 미래를 구축할 가능성이 커질 것이다. 이를 통해 인간과 자연이 조화롭게 공존할 수 있는 길을 찾아갈 수 있다.

5

제주국립산림생태관리센터
입간판 해설

제주국립산림생태관리센터 탐방로 입간판 해설문 작성 기준

- 기관 성격에 따라 생태적 관점에서 해설한다.
- 산림생태 요소(나무, 돌, 바람, 물, 인간 등)를 골고루 안배한다.
- 산림생태에 인문학적 해설을 넣는다.
- 탐방객이 스스로 읽고 생각하며 숲 탐방의 의미를 찾을 수 있게 한다.

참고 도서

신준환, 《**다시 나무를 보다**》, (주)알에이치코리아, 2015.
차윤정, 《**나무의 죽음**》, 웅진지식하우스, 2007.
차윤정, 《**숲의 생활사**》, 웅진지식하우스, 2010.
페터 볼레벤 저, 장혜경 옮김, 《**나무수업**》, 위즈덤하우스, 2016.

제주국립산림생태관리센터 탐방로 입간판 해설문

꼬닥꼬닥길 초입 - 생태 의미

산림생태관리숲 탐방 슬로건, "속도를 줄이면 숲 생태가 보입니다"

　산림생태관리센터숲은 1970년대 초반 소 방목지였던 곳에 침엽수(삼나무, 편백, 곰솔)를 인공조림한 후 활엽수들이 숲에 들어와 자연형성된 2차 천이림인지라 산림생태를 잘 관찰할 수 있는 숲입니다.
　산림생태숲을 이렇게 탐방해 주십시오.

1. 생태는 가족이란 의미입니다.

여러분도 숲에 들어오는 순간 숲의 한 가족이 됩니다. 사랑스러운 마음으로 숲 가족을 만나주십시오.
2. 나무도 개성이 있어 각기 다른 수피 잎 꽃과 열매를 갖고 있습니다. 나무의 각자 개성을 인정하고 평등하게 봐 주세요.
3. 나무도 가족이 있어 어린나무, 형제 나무, 어미 나무가 있습니다.
4. 숲 가족들도 서로 경쟁하지만 상호 협력하며 함께 사는 공동체입니다.

그러면 이러한 숲 가족들이 살아가는 산림생태를 보러 갈까요?
꼬닥꼬닥! 가보게 마~ 씸!

비탈길 아름드리 참나무과 나무들 - 목축문화 생태

"비탈 돌밭 나무가 제주의 숲을 지킨다."

비탈 돌밭에서 제주 숲의 주인공인 아름드리 참나무과 나무들을 보라. 제주에서 중산간 지역은 마소의 방목지로 개발하다 보니 숲이 형성되지 못했다. 그나마 나무들을 볼 수 있는 곳은 개발할 수 없는 비탈 돌밭이다. 돌밭에 힘겹게 뿌리 내린 나무도 조금 크게 되면 땔감으로 베어 사용했다. 밑동이 잘린 나무는 비상시 대비한 맹아지를 내고 이미 땅속에 내려져 있는 뿌리를 통해 힘차게 자라게 된다.

1970년대 초, 소 방목지에 인공조림 후 사람의 손길이 닿지 않아 맹아지들이 자라서 아름드리나무가 되어 제주의 숲을 지키는 어미 나무가 되었다.

'굽은 나무가 선산을 지킨다.'라는 속담이 있는데 제주에서는 비탈 돌밭 나무가 제주의 숲을 지키며 어미 나무가 되었다.

이제 숲속 아름드리 어미 나무를 안아 주면서 격려의 말을 해 볼까요?

물통쉼팡 - 치유 생태

숲활동은 오감의 확장과 균형을 가져온다.

여기 물통은 말과 소가 이곳에 와서 물을 먹으며 쉬어 간 곳, 목마른 새와 노루가 물을 먹는 곳, 물통의 진흙탕은 멧돼지의 식당이요 놀이 장소이다.

숲체험은 인간의 오감을 확장하고 오감의 균형을 유지하게 하며 더 나아가 육감을 발현시켜 준다. 숲에서 나는 자연의 소리는 마음을 치유하는 음악과 같고 숲이 연출하는 시각적 자극은 인간의 생리에 긍정적인 영향을 주고 숲에서 나는 향기는 심신을 치유하는 효과가 있다.

숲속 생명체들의 휴식 장소인 물통쉼팡에서 '숲멍때리기'를 하며 잠시 쉬어 가면 어떨까요?

* 숲속 가족(녹색 잎, 새 소리 등)을 오감으로 체험해 보세요.
* 물통 안 곰솔, 풍부한 물과 햇빛 환경에 살지만 암 덩어리(혹병)를 여럿 달고 살아가네요.

오형제 삼나무 - 상호협력 생태

오형제 삼나무와 사스레피나무의 동행,
'이웃 잘못 만나면 벼락 맞는다?'

이 속담이 숲에서도 적용될까? 삼나무가 강풍에 뿌리가 뽑혀 넘어져 죽게 되었다. 다행히도 이웃 사스레피나무 가지 사이에 걸려 뿌리 반쯤이 땅속에 남게 되어 겨우 목숨을 부지할 수 있게 되었다. 그러면 사스레피나무는 이웃을 잘못 만나 벼락을 맞은 것일까?

사스레피는 가녀린 가지로 그 무거운 삼나무 몸통을 힘겹게 떠받치면서 삼나무에게 격려의 말을 한다. '삼나무야, 힘을 내. 내가 받치고 있잖아.' '너와 난 이웃 사촌이야. 네가 살아야 나도 살 수 있어.' 하루 이틀이 아니라 수년간 수피가 찢어지는 고통 속에서도 사스레피의 버팀목 역할에 힘을 얻은 삼나무는 다섯 가지를 줄기처럼 뻗으며 결국 살아남았고 두 나무는 하나로 단단히 결합되었다. 사스레피나무는 벼락을 맞은 것이 아니라 일생을 동행할 친구를 만난 것이다.

제주어 중 가장 정겨운 호칭 '삼춘'하고 부르면 금방 살가운 이웃으로 느껴진다.

숙대낭 쉼팡 - 치유 생태

피톤치드 듬뿍! 삼나무숲 산림욕
산림욕이란?

울창한 숲속에 들어가 거닐면서 신선한 공기를 가슴 속 깊이 호흡함으로써 숲에서 발산되는 피톤치드를 마시거나, 피부에 닿게 하는 것을 말하며 산림욕을 하게 되면 몸과 마음이 맑아져 안정을 가져오며, 건강이 매우 좋아지게 되며 어린이에서부터 노인에 이르기까지 누구나 손쉽게 할 수 있는 건강증진법이다.

피톤치드(Phytoncide)의 효과
숲속에 들어가면 숲의 향기가 감돌아 연한 숲 내음을 맡을 수가 있는데 이러한 향기의 성분이 바로 피톤치드다. 피톤치드는 식물이 자라는 과정에서 상처 부위에 침입하는 각종 박테리아로부터 자기 자신을 보호하기 위해 내는 방향성 물질로 그 자체에 살균, 살충 성분이 포함되어 있다. 피톤치드는 활엽수보다 소나무, 삼나무 같은 침엽수가 더 많이 방출한다. 삼나무 숲에서는 하루 중 온도가 최고로 올라갈 때에 발산량이 가장 많다고 한다.

공동목장 돌담 – 사람과 돌 생태

제주인은 돌 안에서 나고 자라 돌 안으로 돌아간다.

화산섬인 제주에서의 생존은 곧 돌 안에서 태어나 돌 안에서 생활하다 죽으면 돌 안으로 돌아가는 윤회의 삶이었다. 집 주위에 쌓은 돌담은 '울담', 골목에는 '올렛담', 밭에는 '밭담', 목장에는 '잣담'이라 한다. 또 고기잡이를 위해 바다에 쌓은 '원담', 무덤 주변에 쌓은 '산담'은 제주에서만 볼 수 있는 독특한 돌담이다.

제주의 산과 들, 바다 어디를 가든 곳곳에 널려 있는 돌은 제주인에게는 극복해야 할 장애물이었지만 제주인은 이 돌을 목적에 따라 다양한 형태로 활용하여 제주만의 독특한 돌 문화를 만들어 냈다. 이러한 돌 문화는 제주에서 나고 자란 사람들이 일생을 함께 일구고 가꿔온 삶 그 자체이며 생활의 지혜이다.

여기 보이는 겹담은 목장의 경계를 표시한 돌담이다. 옛사람들이 돌 하나하나를 쌓으며 흘린 땀방울을 생각해 보면서 돌담길을 걸어 보자.

판근 – 버팀뿌리 생존 생태

제주 토종 '조밤나무' 판근(板根)에서 제주인의 '조냥 정신'을 떠올려 보다.

판근은 땅 위에 판 모양으로 노출된 나무뿌리이다. 습지에서 몸을 지탱하거나 습지가 아닌 곳에서 바람에 버티기 위해서 형성되는 뿌리로, 보통 줄기와 뿌리가 맞닿는 부분이 둥근 형태를 띠지 않고 수직으로 편평하게 발육하여 판 모양으로 지표에 노출된다.

구실잣밤나무(조밤나무: 제주어)가 다른 나무에 비해 이렇게 판근을 발달시킨 원인은 줄기의 성장 과정을 보면 알 수 있다. 이 나무는 수직으로 성장하지 못하고 햇볕을 받으며 살아남기 위해 여러 번 힘겹게 줄기를 꺾어야 했고 그 꺾은 몸체를 버티기 위해 버팀뿌리를 발달시켜 어려운 환경에서도 힘겹게 살아남았다.

대왕 갈치의 몸통 같은 판근을 볼 때 제주의 거센 바람을 버티어 내며 척박한 땅을 일구면서 살아온 제주인의 강인한 정신력과 조냥 정신을 떠올려 보게 된다.

산담 - 장묘 생태

애잔한 마음이 드는 산담
'오름에서 태어나 오름 주변에 살다 오름으로 돌아간다.'

제주 사람들은 무덤을 '묘'라 부르기보다 그냥 '산'이라 표현한다. 또한 '묘' 주변에 돌담을 쌓아 울타리를 만드는데, 이를 '산담'이라 부른다. 그래서 조상의 묘소에 찾아가는 것 또한 '산에 간다'라고 표현한다.

산담의 상당수는 중산간 일대 목장 지역에 있다. 산담을 쌓은 이유는 방목 중인 소와 말이 무덤을 훼손하는 것을 막고, 매년 봄 목초지를 태우는 '방애불'이 구덤으로 번지는 것을 막기 위해서다. 가장 중요한 이유는 살아있을 때와 마찬가지로 '묘'를 집처럼 여겨 울타리를 만들었던 것이다.

산담의 형태는 겹담 양식으로 직사각형을 이루는데, 홑담의 타원형인 경우도 있다. 또한 산담이 없는 일도 있다. 산담을 보면 그 집안의 가정 형편을 가늠할 수 있다고 한다.

여기 수악오름 아래 산담 안에는 어떤 분이 누워 있을까? 그분이 살았을 때 삶은 어떠했을까? 이 무덤을 보면 애잔한 마음이 든다.

구실잣밤나무 아름드리 맹아지들
– 돌과 나무의 상생 생태

'돌은 낭 으지허곡 낭은 돌 으지헌다'(제주 속담)
(돌은 나무를 의지하고 나무는 돌을 의지헌다)

제주의 돌은 나므도 풀도 자라게 한다는 달이 있다. 그 이유는 제주의 돌(현무암) 표툰에 미세한 구멍이 송송 뚫려 있고 그 구명에 수분을 함유하고 있기 때문이다. 돌 위에 떨어진 나무의 씨앗은 약간의 수분과 영양분이 있으면 뿌리를 내리고 성장하기 시작한다.

육지에서 나무의 뿌리는 돌을 뚫고 자라거나 돌에 틈을 내어 자라지만 제주에서는 나무의 뿌리가 돌을 뚫거나 들을 갈라지게 하기보다는 돌을 감싸안으면서 자란다. 지금 눈에 보이는 이 나무만이 아니라 수십 년 수백 년을 살고 있는 나무의 뿌리는 수많은 돌을 품고 있다.

그래서 제주도에서 흙에 뿌리를 내리고 자란 나무는 큰 태풍이 한번 지나가면 뿌리가 뽑혀 쓰러지고 말지만, 돌에 뿌리를 감고 자란 나무는 절대 쓰러지지 않는다고 한다. 그 이유는 나무가 거대한 돌을 붙잡고 있기 때문이다. 또한 나무의 뿌리에 붙잡힌 돌은 풍화작용의 위기에서도 제 모양을 유지할 수 있다. 돌도 나무를 의지하며 사는 모양새가 된 것이다.

물과 공기의 순환 생태

숨골 - 풍혈(風穴)

 돌무더기 사이에 땅속으로 난 작은 굴처럼 생긴 구멍에서 바람이 솟아나는 곳을 풍혈이라고도 하고 '숨골'이라 한다. 숨골은 일 년 내내 일정한 온도의 바람을 뿜어낸다. 땅이 숨을 쉬고 있는 것과 같다고 하여 제주에서는 '숨골'이라 표현했다. 또한 '숨골'은 사람의 생명과도 같은 역할을 하는 장소로 여길 만큼 소중하기에 '숨골'이라고 했다.
 제주에서 내리는 비는 하천을 통해 흘러가기도 하지만 숨골을 통해 지하로 들어가 지하수로 저장된다. 숨골이 많은 곶자왈에서는 다양한 식생의 식물이 살아간다.
 이처럼 숨골은 사람이 숨을 쉬듯 자연이 숨을 쉬면서 세상을 이롭게 만드는 장소이다. 온기를 내뿜기도 하고 냉기를 방출하기도 하며 물을 지하로 이동시키기도 하고 시원한 공기를 지상과 지하공간을 대류를 하며 자연의 순환을 만들어낸다. 숨골은 생태계의 순환을 볼 수 있는 곳이다.

나무 공동묘지 - 순환 생태

'호랑이는 죽어서 가죽을 남기고, 사람은 이름을, 나무는 이로움을 남긴다.'

산림생태계는 순환의 생태계이다. 순환의 생태를 잘 보여 주는 것이 죽은 나무이다.

이곳은 죽은 나무의 공동묘지와 같다. 강풍에 뿌리가 뽑혀 죽거나 덩굴나무에 수관을 점령당해 영양부족으로 목이 부러져 죽은 나무가 이리저리 뒹굴고 있다.

나무는 죽는다고 그냥 없어지는 것이 아니다. 한 알의 밀알이 썩어 죽음으로 수많은 밀알이 생겨날 수 있듯이 나무의 죽음도 이와 같다. 나무는 살아 있을 때보다 오히려 죽은 순간부터 숲속 생명체에게 더 많이 이바지한다. 죽은 나무는 버섯과 이끼에게는 삶의 터전이고, 곤충과 애벌레들에겐 먹을거리를 주고, 새들에게는 보금자리를 제공해 준다. 마지막으로 각종 곰팡 균이 달려들면 양분이 풍부한 흙으로 바스러져 또 다른 나무가 자라나는 밑거름이 된다.

그러고 보면 죽은 나무는 수많은 생명을 품고 있는 생태계에 있어서 어머니의 자궁과 같다.

여기 죽어 뒹굴고 있는 나무들이 이렇게 말하는 것 같다.

"나무처럼 사세요. 살았을 때뿐 아니라 죽어서 더욱 이웃에 이로움이 되는 인간이 되십시오."

2022년 3월

2025년 3월

제주국립산림생태관리센터 숲해설 프로그램

■ 제주국립생태관리센터 세계생물 다양성의 날 기념 프로그램

산림생물 다양성 산림생태 탐방 프로그램 계획서

제목	코딱지만 한 씨앗에 담긴 우주	진행 강사	생태관리원(숲해설가)
대상	성인	인원	15명 내외
소요 시간	30분	거점 장소	편백 숲
주제	작은 편백 씨앗 하나에 우주가 담겨 있다.		
목표	1. 코딱지만 한 편백 씨가 전봇대보다 더 크게 자라는 것을 알게 한다. 2. 편백 씨앗 하나에 어미 나무의 꿈이 담겨 있음을 느낀다. 3. 산림에서 편백이 생물종다양성에 미치는 현장을 체험한다.		
구분	주요 내용		

도입
(15분)
10:00
~
10:15
	- 인사와 주의사항 전달
	- (퀴즈) 제주산림생태관리센터가 하는 중요한 일은 무엇일까요?
	      산림유전자원보호구역 및 산림 보호의 필요성 소개
	- (퀴즈) 산림생물다양성의 의미는 무엇일까요?
	      산림생물다양성의 중요성 소개		

전개 (65분) 10:15 ~ 11:20	〈숲 체조〉 - 안내판 - 숲 체조 - 생태 놀이 〈편백 씨앗 관찰하기〉 - 열매 한 갈에 20~30개 씨앗이 담겨 있다. - 3~4월 꽃, 5~7월 열매, 10~11월 열매 성숙 - 수만 개 씨앗 중 한 그루 성장 〈장석주 '대추 한 알' 씨 낭송〉 〈편백 씨앗에 담긴 우주〉 - 코딱지만 한 씨앗 - 1년 동안 담긴 자연현상, 어미나무의 꿈, 편백 DNA다. 〈코딱지의 위대한 꿈 - 성인 동화〉 〈생장하고 있는 편백 관찰〉 - 꼬닥꼬닥길11 - 어미 편백과 형제 편백		

	〈편백이 생물종다양성에 미치는 현장 탐방〉 - 다양한 생물종(식물 곤충 조류 등) 서식지 제공 - 탄소 저장, 토양 보호, 수분 저장 등 - 어린 편백 주변에 함께 살아가는 친구들(구실잣밤나무, 지표식물 등) 〈주제 놀이〉- 숲속 광장 - 고무래 놀이(목편, 고무래, 새싹, 잎) - 씨앗에서 나무 되는 과정 이해 * 생물종다양성을 잘 표현한 팀 승리 〈주제 활동 1〉 - 편백 열매로 팔찌(목걸이) 만들기 〈주제 활동 2〉- 편백 정유 아로마 체험 - 피톤치드란 - 편백 정유 효능 - 면역력 증강, 스트레스 감소 등 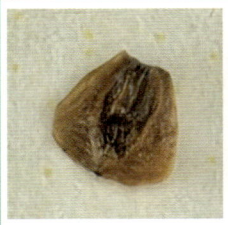  
마무리 (10분)	숲속 광장 - 생태 밧줄 놀이(생태계는 하나다!, 생물 다양성 및 산림 생태계 중요성) - 소감 나누기 - 씨앗 하나에 담긴 우주란 무엇일까? - 우주와 씨앗 비교 　* 무한함: 끝이 없고 무한(씨앗 DNA-과거 현재 미래 포함) 　* 신비로움: 이해 불가 현상, 호기심 자극(씨앗의 성장, 생존능력) 　* 자연의 현상: 자연 과학의 법칙 적용(씨앗 모든 자연을 담고 있음) 　* 연결성: 하나의 큰 시스템에 서로 연결(씨앗은 모든 생태계 연결)
주의사항	1. 식물을 함부로 만지지 않는다. 2. 뱀을 만나면 그대로 멈춘다. 3. 숲에 사는 모든 생명을 아끼고 사랑한다.

■ 제주국립생태관리센터 산림문화와 산림치유 프로그램

산림문화와 치유 강좌 〈숲과 인문학의 만남〉 프로그램 계획서

제목	경쟁과 상생의 숲	진행 강사	생태관리원(숲해설가)
대상	성인	인원	15명
소요시간	90분	거점 장소	생태관찰로, 표본실
주제	숲 생명체는 경쟁하지만 더불어 살아간다.		
목표	1. 50여 년 동안 인간의 손길이 닿지 않은 제2천이림에서 경쟁하며 상생하는 숲생명체를 알아본다. 2. 녹색의 숲에서 경쟁과 상생하며 살아가는 숲생명체를 오감으로 느껴본다. 3. 숲생명체의 경쟁과 상생에서 실제 생활에 필요한 지혜를 체험한다.		
구분	주요내용		
도입 (15분) 10:00 ~ 10:15	- 인사와 주의사항 전달 * 안내판 - 환영 인사, 서로 소개 및 강사 소개 - 제주산림생태관리센터가 하는 중요한 일은 무엇일까? - 프로그램 일정 안내, 제목, 숲산책숲놀이(1시간 30분), 식물 표본 체험 (30분) - 마음가짐: 녹색의 숲에서 지식보다 감정(느껴라), 즐겨라, (의미를) 찾으라 * 사례: 트마 여행 지식 - 즐겁다, 숲탐방 - 순간의 느낌, 즐겁고 행복하다 (부차드가든 사례 - 세계3대 꽃정원, 리플렛(출입구, 정원 지도 1장)		
전개 (65분) 10:15 ~ 11:20	〈산림 상태의 의미〉 * 해설판1 - 정현종 '방문객' 시 낭송 - 산림상태관리센터 숲의 특징, 생태 의미(가족) 해설 무생물과 생물(목본, 초본, 토양, 곤충, 양치류 등) 질문: 식물은 무엇 때문에, 무엇을 위해 경쟁을 할까? - 인간의 경쟁비교: 생존경쟁(의식주), 소유경쟁 - 권력, 물질, 명예 - 식물: 먹고 살고, 성장하고 열매를 맺고 후손 - 식물의 경쟁: 눈으로 확인 가능한 사례 - 광합성 물 + 이산화탄소 + 태양에너지 = 포도당(glucose)을 생산 〈광합성 경쟁 현장〉 * 꼬닥꼬닥길		

- 가장 기본이 되는 먹고 살기 위한 경쟁
- 조림된 침엽수 아래에 떨어진 활엽수(구실잣밤, 상수리나무) 살아남기 위한 몸부림 현장(광합성을 위해 지구중력을 거스르며 비스듬하게 생장

〈성질 급한 벚나무〉 - 경쟁 회피
- 봄에 가장 먼저 꽃을 피우는 식물의 꽃의 색은 - 노란색 - 그 이유?(복수초, 개나리, 생강나무, 산수유) 광합성 - 햇볕, 매개곤충 발견
- 벚나무는 왜 잎보다 꽃을 먼저 피울까? 나무에 꽃만 있어 아름답다
- 벚나무의 일 년 생장 - 꽃 잎 열매 겨울눈(봄 피울 꽃 잎 에너지 저장) -

〈봄의 기운 흠뻑 느끼며 걷기〉 * 꼬닥꼬닥길/전망대
- 걷기 호흡과 명상

〈숲속 명상과 나무의 뿌리와 근균의 공생〉 * 전망대
- 조망과 명상
  (동굴도 좋아함, 유아 숨는 것, 숨바꼭질놀이)
- 야심차게 살아가는 긍정주의자는 전망이 좋은 곳을 선호하고, 불안하고 조심스러운 사람은 안전한 은신처를 좋아하는 경향
- 나무의 뿌리와 근균의 공생-제주도(전망대 돌 사이에 있는 나무 뿌리)

〈경쟁을 이길 전략-더불어 살기〉 * 구실잣밤나무
- 더불어 살아가는 어린 편백, 구실잣밤나무, 삼나무
- 돌과 나무의 연합

〈광합성 놀이〉 * 물통 쉼팡
- 광합성 고무래 놀이(목편, 당구대, 잎) - 광합성 경쟁… 나무 만들기

〈숲속 걷기〉 * 간드랑 낭길

〈아낌없이 주는 나무-상생의 현장〉 * 간판 해설 11
- 나무와 곤충의 상생
- 참나무가 참나무인 이유

마무리 (10분) 11:20 ~ 11:30	- 생태놀이(생태계는 하나다!) - 소감 나누기 - 숲 생명체의 경쟁와 상생의 체험에서 얻는 지혜는 무엇일까? - 나무사회는 유한 경쟁 인간사회는 무한 경쟁! - 나무사회는 무한 상생 인간사회는 유한 상생!

산림문화와 치유 강좌 〈숲과 인문학의 만남〉 프로그램 계획서

제목	회복탄력성 빌드업 - 회복과 치유의 숲	진행 강사	생태관리원(숲해설가)
대상	성인	인원	15명 내외
소요시간	120분	거점 장소	생태관찰로, 표본실
주제	나무는 탁월한 회복탄력성을 갖고 있다.		
목표	1. 제2천이림에서 위기를 만났지만 회복 중인 나무를 알아본다. 2. 위기를 극복하기 위해 처절하게 살아내는 나무를 오감으로 느껴 본다. 3. 나무의 회복탄력성 전략에서 실제 생활에 적용할 지혜를 얻는다.		
구분	주요내용		
도입 (15분) 10:00 ~ 10:15	- 인사와 주의사항 전달 * 안내판 - 환영 인사, 서로 소개 및 강사 소개, (팽나무 정동락/마중물 - 김윤덕- 안전) - (퀴즈) 제주산림생태관리센터가 하는 중요한 일은 무엇일까요? - 프로그램 일정 안내, 제목, 숲산책숲놀이(1시간 30분), 식물 표본 체험(30분) - 마음가짐: 녹색의 숲에서 지식보다 감정(느껴라), 즐겨라, (의미를) 찾으라 * 회복탄력성이란? 위기와 스트레스 상황과 회복의 심리상태 묘사한 삼각형 　(1. 일상 - 2. 위기와 스트레스 - 3. 회복 - 4. 온전한 회복)		
전개 (65분) 10:15 ~ 11:20	질문: 나무가 받는 스트레스는 무엇일까? * 안내판 앞 - 인간의 위기: 질병(암), 사고(교통 안전), 재난(화재 지진) 등 - 나무의 위기: 질병(병충해) 강한 바람, 가뭄, 화재 〈오 헨리 '마지막 잎새' 단편 소설 이야기〉 * 안내판 앞 계단 - 병실 창문 담쟁이덩굴과 동일시한 주인공 존시, 담쟁이덩굴의 마지막 잎을 담장에 정밀하게 그리고 죽은 베어먼, 의미를 부여하면 나무 잎 하나도 큰 영향력을 준다. 숲에서 위기를 맞아 죽을 것 같은 상황에서 회복 중인 나무 친구들 만나기 〈1. 강한 바람에 털보가 된 상수리나무 생장기〉 * 안내판 앞		

- 어느 날 강한 바람을 알몸으로 막아야 했던 상수리나무 형제(2022년)
- 1년 만에 친구는 밑동이 부러져 죽음(2023년)
- 2년 동안 치열하게 살아온 상수리나무
- 회복전략1 - 줄기 생장 집중 - 자신의 약한 부분에 선택적 집중

〈2. 강한 바람에 분지가 부러져 죽을 뻔했던 곰솔〉
- 이웃을 잘 만나 살아났다.
- 회복전략2 - 이웃의 도움을 받아들이기

〈산림 생태의 의미〉* 해설판1
- 산림생태 관리센터 숲의 특징, 생태 의미(가족) 해설
  무생물과 생물(목본, 초본, 토양, 곤충, 양치류 등)

〈3. 허리가 부러졌지만 굽은 허리 상태로 회복 중인 삼나무〉* 꼬닥꼬닥길
- 물리적인 힘에 의해 밑동/허리가 부러진 어린 삼나무
- 겨우 1/5 남은 물관 채관으로 영양분을 공급하면서 잎을 내며 줄기를 키웠다. 치열하게 살아남았다.
- 회복전략3 - 포기하지 말라, 아주 천천히 집중하라

〈4. 나무는 외과의사 - 기형인 몸을 외과수술을 해서 살아남다〉
- 때죽나드 줄기 2개가 서로 맞닿아 하나가 되어 성장
- 회복전략4 포기할 것은 포기하라

〈5. 암덩이를 달고 살아가는 곰솔〉* 물통쉼팡
- 한곳에 심겨진 곰솔 3형제 이야기 - 3줄기
- 곰솔에 달린 혹(소나무 혹병)을 보라
- 왜 중간의 곰솔만 암에 걸렸을까?
- 주변 환경을 보라… 양쪽 형제 사이에 치어서 스트레스, 면역력 결핍이 원인이 되어 병충해에 감염
- 그러나 죽지 않고 살았다. 그 이유는 무엇일까?
- 회복전략5 - 이웃과 협력하라, 이웃의 도움에 감사해라

〈회복탄력성 놀이〉* 물통쉼팡
- 로프 이용한 치유 놀이

〈비밀의 숲길로 산책〉
〈6. 삼나무 6형제 이야기〉* 입간판 해설
- 넘어졌지만 이웃을 잘 만나 살았다.
- 이웃 사쓰레피는 어떤 마음일까? 재수없네~ & 친구야 힘내~

	- 회복전략5 - 스트레스 준 이웃과 화해하라 **〈7. 숲과 함께 하면서 청각장애를 극복한 베토벤 이야기〉** * 전망대 - 조망과 명상… 느낌은? - 왜 인간은 높은 곳에서 조망하는 것을 좋아할까? - 사바나 가설, 주의회복 이론(동굴도 좋아함, 유아 숨는 것, 숨바꼭질놀이) - 베토벤-회복탄력성6 숲과 함께 하며 목표지향성 **- 나무의 뿌리와 근균의 공생-제주도(전망대 돌 사이에 있는 나무 뿌리)**
마무리 **(10분)** **11:20** **~** **11:30**	**- 생태놀이(생태계는 하나다!)** * 숲광장 - 소감 나누기 - 나무에서 얻는 회복탄력성 지혜는 무엇일까? - 현재 문제와 갈등 수용 - 사회적관계 강화 - 이웃 도움, 친구관계 - 문제 부분에 집중하고 꾸준한 노력 지속 - 목표를 설정하고 한 방향으로 나아가기

7

산림문화 제주 유적과 해설

제주도 이름 유래

독립국인 탐라국은 1105년(숙종 10년)에 군주제가 폐지되고 탐라군으로서 고려의 행정 구역이 되었다. 그러나 실제적으로 탐라국 왕자가 섬을 통치하는 왕국의 형태를 갖고 있었다.

1273년 몽골(원나라)에 저항하던 삼별초가 고려군에 의해 진압되고 원나라에 의해 탐라총관부가 설치된다. 1295년 탐라는 다시 고려에 귀속되었고 제주로 개칭되었다. '제주'는 '바다를 건너다'라는 뜻의 '제(濟)'와 '섬'을 뜻하는 '주(州)'의 결합으로, 제주도가 바다에 둘러싸인 섬임을 나타낸다. 고려 말에 원나라와 고려에 번갈아 예속되면서 명칭도 수시로 바뀌었으나 1374년(공민왕 23)에 목호의 난 진압 후 원나라 세력을 몰아냄에 따라 제주라는 이름으로 굳어졌다.

농경문화

① 화전(火田) 농업-제주도 개척의 역사

화전농업이란

화전 농업은 넓은 들의 나무들을 베어내 불태우고 경지를 마련해 몇 해 동안 농사를 지은 다음 지력이 쇠약해지면 다른 곳으로 옮겨 같은 방법을 되풀이하는 것으로 원시적 농경법의 하나다.

화전 농업의 역사

제주도는 1105년에 고려의 1개 군으로 복속되기는 했지만, 목민관을 보내어 다스리도록 한 것은 47년 후이다. 그동안 고려는 제주도를 버린 땅으로 던져 내버린 셈이다. 그러니 탐라국 시대 토호들인 성주, 왕자들의 학정 밑에서 백성들은 화전을 개간하고, 작물을 재배하고 하며 자신들의 삶을 자신들대로 개척할 수밖에 없었다.

몽골의 지배 시대에도 제주도의 화전경작은 계속 이어져 개간은 계속되었고, 개간된 밭은 개인 소유화하여 돌담으로 밭의 경계를 둘러 콩, 팥, 감자, 수수 등의 작물을 재배했다.

조선시대에도 제주도는 화전경작으로 개간이 계속되었다. 중산간 마을의 설촌 당시에는 화전경작으로 마을을 시작했음을 알 수 있다. 그래서 집을 짓고 밭을 일궈 사람이 살기 시작했다. 제주도의 중산간 마을이 거의 조선시대에 이루어졌음을 보면 조선시대에 와서 제주도의 농업도 상당히 발전했음을 알 수가 있다. 서귀포시 서홍동 연자골 산간에 화전민 가옥터가 잘 보존되어 있다. 화전경작으로 이룩한 밭은 밭농사도 변하고 자급자족 형태로 발전해 간 것이다. 이 화전경작으로 개척한 마을이 조선조 말엽까지 이어졌음은 방성칠의 난을 보아도 알 수 있다. 그는 화전세 감면을 첫째 슬로건으로 내세우고 난을 일으켰다.

일제강점기에 들어오면 제주도의 농업도 밭농사의 안정기로 들어왔다. 화전경작이 없어져 새로 설촌하는 마을도 없어졌다.

화전 경계 돌담 용도

중산간 산림 지역 평편한 곳에는 돌담을 쌓은 흔적을 만난다. 화전 농업을 수행하면서 사용된 돌은 주로 돌담을 쌓는 데 사용되었다. 돌담은 경작지를 구획화하고, 방목하는 말과 소, 바람과 비로부터 작물을 보호하며, 토지를 고정하는 역할을 한다. 또한 돌로 된 담장은 토양의 유실을 방지하고 수분을 유지하는 데 도움을 준다.

농막과 움막 해설

제주도 농경문화에서 "움막"과 "농막"은 각각 다른 용도로 사용되는 경작 관련 건축물이다.

움막(유목소)은 주로 농사일을 하면서 필요할 때 하루나 이틀 정도 머물기 위해 간단히 지은 주거 공간이다. 돌을 쌓고 위에 자연재료(나무, 풀 등)를 덮어서 사용했다. 농사를 짓는 동안의 쉼터 역할을 한다.

농막은 움막보다 구조적인 형태를 갖추고 있다. 주로 농사를 위해 특정한 장소에 세워진 건축물이다. 대개 농사와 관련된 도구나 자재를 보관하는 용도로 사용되며, 때때로 농작업 시에 잠깐 쉬는 공간으로도 활용된다. 제주도의 농경문화와 생활을 이해하는 데 중요한 요소이다.

〈제주국립산림생태관리센터 수악오름 도시숲 내 농막〉

숯가마터 해설

산림과 곶자왈에서 숯가마터를 만나게 된다. 숯가마는 대부분 중산간 지역의 숲속에 터를 잡고 주변에 서식하는 참나무과 나무나 서어나무 등을 재료로 숯을 구워 내던 곳이다. 1960년대 이전 제주도민 가정에서는 일정량을 확보해 두어 숯을 사용했지만, 잔치나 장례 때에 음식을 만들기 위해서는 숯이 절대적으로 대량 필요했다.

〈한남시험림 일제 강점기 1930년대 숯가마터〉

목축문화

① 고려시대 목축문화

제주도 목장의 역사는 고려시대 동골이 제주에 탐라목장을 설치하면서 시작됐다.

첫째, 원제국은 1273년 고려군과 함께 삼별초군을 진압한 후, 군마 생산과 확보를 위해 1276년부터 탐라목장을 설치했다.

둘째, 원제국은 일본원정(1차 1274년, 2차 1281년)이 실패로 끝난 후에도 일본 정벌을 위해 1296년 탐라목장의 말 생산을 전담시키기 위해 단사관(행정과 군대가 일원화된 관리- 근대의 총독)을 파견했다. 1295년 원 제국은 관리를 보내 처음으로 탐라에서 말을 반출해 갔다.

이것은 탐라목장 운영이 정상궤도에 진입했다고 판단한 원 조정에서 목상 운영시스템을 점검하는 차원의 조치로 보인다.

셋째, 공민왕이 원명 교체기를 이용해 배원 정책을 전개했고, 명나라가 고려에 제주도 탐라마 2,000필을 요구하면서 원 출신 목호들의 반발을 샀다. 위기를 느낀 목호 집단이 반란을 일으키자 1374년 공민왕이 탐라에 남아 있던 원의 잔존 세력을 척결하기 위해 최영 장군에게 탐라 정벌을 명했다. 최영에 의해 목호의 난(1374)이 진압되면서 그들이 관리했던 탐라목장은 쇠퇴하기 시작한 것으로 보인다. 결국 탐라목장은 몽골에 의해 100년 가까이(1276~1374) 운영되다가 고려 정부로 귀속됐다.

② 조선 시대 제주 국영목장

조선 시대에도 말의 안정적 확보는 통치자들의 중요한 과제였다. 조정에서는 명나라에 보낼 제주마를 안정적으로 확보하고, 해안지역의 목초부족 문제 등을 해결하기 위해 한라산 중턱에 국마장 설치를 국책사업으로 추진했다. 이에 결정적인 역할을 했던 인물이 제주 출신 한성부판윤(오늘날 서울특별시장) 고득종(高得宗)이었다. 세종 11년(1429)에 고득종이 세종에게 한라산에 돌담을 쌓아 목장을 설치하자고 건의함에 따라 세종이 '제주한라산목장'을 개축(改築)하라고 윤허했다. 그 결과 1430년경부터 본격적으로 주민들을 동원해 목장 경계용 돌담(잣성)을 쌓고, 국마장 예정지 내에 있었던 344호의 주민들을 국마장 예정지 밖으로 옮기면서 국영목장을 설치하기 시작했다.

③ 한라산 잣성의 기능

한라산 곳곳 숲속이나 오름에서 돌이 쌓여진 긴 담을 만날 수 있다. 무심코 보이는 돌담이지만 그 역사와 의미는 크다.

잣성은 조선시대 국마장 운영의 산 역사 증거이다. 이 용어는 1970년대부터 제주도 지형도에 공식적으로 등장했다. 이것은 국마장 경계에 쌓은 담장을 가리키며, 제주 어로 '잣'은 '널따랗게 돌들로 쌓아 올린 기다란 담'을 의미한다!"

잣성은 그 위치에 따라 하잣성, 중잣성, 상잣성 그리고 간장(間牆)으로 구분된다.

대체로 해발 150~250m 일대에 하잣성, 해발 350~400m 일대에 중잣성, 그리고 해발 450~600m 일대에 상잣성이 위치하고 있음을 알 수 있다. 이들 잣성들은 한라산지를 환상(環狀)으로 크게 3등분하는 역할을 했다. 하잣성은 국영목장의 하한선에 해당하며 국영목장과 농경가능지를 경계 짓는 역할을 했다. 하잣의 축조에 동원된 노동력은 해당 지역의 주민들이었으며, 일정 범위를 할당하여 축성토록 하였다.

상잣성은 우마들이 한라산 밀림지역으로 들어가 동사하거나 잃어버리는 사고를 방지하기 위해서 만들어졌다. 중잣성은 하잣성과 상잣성 사이의 공간에 축조되었다. 간장(間牆)은 목장을 남북방향으로 구획하기 위해 축조된 돌담이다. 이것은 목장 간 경계가 될 만한 하천이 없는 목장지역에서 각 목장간 남북방향 경계선 역할을 했다. 이것을

'사잇담', '선잣'이라고도 부른다. 조선후기에 설치된 산마장(장, 상장, 녹산장) 내에도 간장이 설치되었다. 제주도 잣성들은 거주지역과 비거주지역, 농경지와 방목지 그리고 식생분포 즉, 초지대와 삼림지를 구분하는 경계선 역할을 했다.

④ 목호의 난 해설

목호의 난(牧胡의 亂)은, 고려 공민왕 23년(1374년)에 당시 원(元)의 목장이 있던 제주도(濟州島)에서 말을 기르던 목호(하치)들이 주동해 일으킨 반란이다. 목호는 곧 몽골족 목자를 말한다. 당시 제주는 고려에 반환되었으나 목장은 원나라가 운영하였는데 당시 목장에서 일을 하는 목호들은 친원 세력으로 있었다.

삼별초에 의한 대몽항쟁이 진압된 원종(元宗) 14년(1273년) 이후, 원은 삼별초가 점거했던 탐라에 군민총관부를 설치하고 다루가치를 두어 다스렸으며, 충렬왕(忠烈王) 3년(1277년)에는 황실의 말을 탐라에 방목해 목장을 설치하였다. 탐라가 충렬왕 21년(1295년)에 고려에 반환된 뒤에도 제주도는 그대로 원 조정의 목장 기능을 했는데, 이 목장에서 말을 치는 몽골족 목자들을 목호(牧胡)라고 불렀다.

공민왕의 즉위와 더불어 반원정책이 시행되면서 제주에서 목호와 고려 관리의 대립은 더욱 심해져 목호들이 고려 관리를 살해하거나 원 본국에 요청해 만호부를 설치해줄 것을 요구하는 일도 있었다. 원을 북쪽으로 몰아내고 중국 대륙을 차지한 명나라가 고려와 수교한 후 명(明)은 고려에 대해 위압적인 태도를 보이며, 북쪽으로 쫓겨간 원의 잔당(북원)을 치는데 필요한 제주마(濟州馬) 2천 필을 바칠 것을 고려에 요구하였는데, 제주 목호의 지도자였던 석질리필사·초고독불화·관음보 등은 이에 반발하여 "세조(世祖) 황제(쿠빌라이 칸)께서 방목하신 말을 우리가 어찌 적국인 명에 보낼 수 있단 말인가?"라며 350필만 내어주었고, 명의 사신의 항의에 고려 조정은 마침내 탐라를 정벌할 것을 결정하였다.

1374년 고려 공민왕은 최영 장군을 총사령관으로 하는 전함 314척, 정예병 2만 5605명의 탐라출정군단을 꾸린다. 이 군단의 수는 당시 탐라섬 인구수와도 맞먹을 정도의 대군이었다.

목호 세력 역시 침공에 대비해 기병 3,000과 수많은 보병을 명월포에 포진시켜 토벌군단의 상륙에 대비하고 있었다. 마침내 명월포로 상륙한 최영의 대군단과 탐라섬의 탐라 몽골군은 피비린내 나는 전투를 전개한다. 결국 수적 열세를 만회하지 못한 탐라몽골군은 전멸한다.
이 전투로 희생된 고려군과 목호군 외에도 목호들과 그들과 혈연으로 연루된 탐라민들 다수가 이 토벌전에서 희생당했다.
4·3이 제주 역사상 최고의 비극이라고 하지만 인구대비 인명살상으로만 본다면 가장 많은 사람이 살육당한 사건이다.

국내 정세로써는 최영이 제주도로 내려가 있는 사이에 개경에서는 공민왕이 시해되었고, 명의 사신은 3백 필의 말을 가지고 돌아가던 중 개주참(開州站)에서 호송을 맡았던 고려의 관리 김의에 의해 피살되어, 고려와 명의 외교관계는 험악해지게 되었고, 명의 철령위(鐵嶺衛) 설치 통보에서 최영 등에 의해 요동 정벌 시도가 촉발되었다. 이때 요동을 공격하기 위해 편성된 군대 팔도도통사(八道都統使)로써 직접 정벌군을 지휘하려는 최영을 우왕은 "선왕(공민왕)이 시해된 것은 경(최영)이 남쪽(제주)으로 정벌하러 나가서 개경에 아무도 없었기 때문"이라며 한사코 자신의 곁에 붙잡아 두려 하였고, 결국 최영 대신 요동정벌군을 지휘하게 된 우군도통사(右軍都統使) 이성계(李成桂)가 위화도(威化島)에서 군사를 돌려(위화도 회군) 최영을 처형하고 우왕을 폐위시킴으로써, 조선 건국의 단초를 마련하게 된다.

　고려 최남단의 섬, 변방 제주도에서 일어난 목호의 난이 한 왕조가 무너지는 단초가 되고, 고려 최북단 압록강의 작은 섬 위화도에서 고려 왕조가 무너지는 시작이 된 것은 역사에서 시사하는 바가 크다.

유배문화

　제주는 유배 1번지였다. 조선왕조실록에 나타난 유배지는 245곳이고 유배인은 700여 명에 이른다. 조선 시대에 260여 명이 제주에서 귀양살이했으니, 전체 유배인 수 3분의 1을 넘는다.

유배인들은 제주에 정착하면서 자신의 지식을 지역 주민과 공유하였고, 이는 제주 지역의 문화적 발전에 이바지하게 된다. 유배인들은 문학, 예술, 과학 등 다양한 분야에서 제주도민에게 영향을 미쳤다. 우암 송시열(조선 후기 좌의정 역임 문신), 정온(조선 시대 대제학 역임 문신) 등이 있다.

유배인 조정철과 제주 여인 홍윤애의 순애보 해설

노론파의 우두머리격인 조정철의 장인 홍지혜의 정조 암살 계획 - 정조 1년에 정조를 시해하고 그의 이복동생을 옹립하려는 음모 - 이 실패하여 관련자들이 반역죄로 처형을 받았다. 조정철의 처가가 연루되어 조정철도 참형에 해당하였으나 우의정 조태채의 증손임이 참작되어 26살에 제주로 유배를 오고, 조정철의 부인 홍씨는 8개월 된 아들을 두고 목을 매어 자결한다.

1777년 제주목에 유배 중 조정철의 심부름을 하던 의녀 제주 여자 홍윤애와 사랑에 빠져 가정을 꾸렸다. 한 사람은 유배인으로서 한 사람은 변방의 미천한 여자로서 아름다운 사랑을 엮어갔다.

그러나 1781년 조정철의 집안과는 이미 할아버지 때부터 불구대천의 원수지간이었던 소론 파의 김시구가 제주 목사로 부임하면서 그들 사랑의 시간은 끝나고 말았다. 조정철은 법정에 끌려 나와 심한 매를 맞고 거의 죽게 되어 법정 밖으로 운반되었다. 홍윤애가 거의 죽은 조정철을 지극 정성으로 살려내게 되고 조정철이가 죽었다는 소식을 기다리던 김시구는 조정철을 죽일 수 있는 새로운 죄목을 캐기 위해 홍윤애를 잡아다가 음모 여부를 문초하였다.

홍윤애는 김시구 목사에게 잡혀가기 며칠 전 조정철과의 사이에서 태어난 지 3달이 안 된 딸을 언니에게 맡겨 피신시켰다. 머지않아 피비린내 나는 사달이 벌어질 것이고 자신은 몸을 던져 사랑하는 이를 지키겠다는 각오를 했기 때문일 것이다.

김시구는 조정철의 죄를 찾기 위해 홍윤애를 고문하며 거짓 자백을 강요했다. 거짓 자백의 내용은 '임금을 저주했다' '자신을 귀양 보낸 조정 중신들을 저주' '다른 유배인들과 서찰을 교환했다.' '홍윤애와 부부관계이다.' 이런 죄목을 하나도 인정하지 않았다. 이런 질문에 '그렇다'라고 말 한마디만 하면 목숨도 살려주고 상도 내리겠다는 달콤한 회유에도 불구하고 끝내 김시구 목사가 처놓은 덫에 걸려들지 않았다. 홍윤애의 차분하고 당당한 답변에 김시구 목사는 이성과 체통을 잃고 홍윤애의 저고리 앞섶을 풀어 헤쳐 젖가슴을 드러나게 하고 유두와 유방이 왜 이렇게 부풀었느냐며 고문하였다. 남자 앞에서 손을 내보이는 것도 삼가던 조선 시대에 여성의 수치심을 최대한 자극한 이러한 고문의 참상은 그대로 전해져 제주 민심의 동요가 컸다. 제주 여인의 당당함과 사력을 다한 저항이었다. 모든 사실을 부인하였고 홍윤애가 불복(不服)하므로 김시구는 별도로 잘 부러지지 않고, 매 자극이 지독하게 아픈 윤노리나무로 곤장을 만들어 70대를 치니 뼈가 부서졌고 그 여독으로 윤오월 15일에 죽었다. 홍윤애는 끝내 제 죽음으로 조정철을 변호한 것이다.

김시구는 이렇다 할 물증도 없이 가혹한 고문으로 홍윤애를 죽인 사실을 은폐하기 위하여 제주도 유배인들이 역모를 꾸민다는 허위보고를 올렸지만, 조정에서 파견한 박천형 암행어사에 의해 김시구 목사는 부임 4개월 만에 파직되어 잡혀 가고, 조경철은 24년 후 유배가 풀리고 31년 만에 순조 11년(1811)에는 제주 목사가 되어 한 맺힌 제주도를 다시 찾았다. 홍윤애가 죽은 지 31년, 조정철의 나이 61세였다. 자기를 위해 목숨을 바친 여인을 다시 만나기까지 30년이라는 세월이 걸린 것이다. 사랑하는 이를 잃고도 죄인의 몸이라 마음껏 불러 보지도 못하고 본인의 안위마저 풍전등화(風前燈火)였던 그였기에 감회가 남달랐을 것이다.

그는 먼저 원사(寃死)한 홍윤애의 무덤을 찾아 산담을 쌓고 봉분을 다시 단장하였으며 칠언율시(七言律詩)를 짓고 묘비를 세웠다. 그 애도시는 그의 제주유배집인《정헌영해처감록》의 마지막에 실렸다.

추모시 - 조정철

*조선시대 사대부가 한 여성을 위해 남긴 유일한 시비(詩碑)

옥같이 그윽한 향기 묻힌 지 몇 해인가
누가 그대의 원한을 하늘에 호소할 수 있었으리
황천길은 멀고 먼데 누굴 의지하여 돌아갔을까
진한 피 고이 간직하니 죽더라도 인연으로 남으리
천고의 높은 이름 열문에 빛나고
일문에 높은 절기 모두 어진 형제였네
아름다운 한 떨기 꽃 글론 짓기 어려운데
푸른 풀만 무덤에 우거져 있구나

〈유수암리 묘지 비석 뒷면〉

　고영철은 "남성 중심의 조선 시대에서 조정철이 써 내려간 묘갈명(墓碣銘)은 당시 사대부로서는 가히 파격적인 행동이었다. '홍랑의녀비'는 한 여인과의 단순한 순애보를 넘어서는 것이었다. 그것은 당쟁과 유배로 얼룩진 질곡의 시대에, 절해고도의 변방 제주도에서 절대권력의 부당한 횡포에 당당히 맞서 의롭게 죽음의 길을 걸어갔던 한 여인의 고결하고 거룩했던 마음에 바쳐진 인간으로서의 최소한의 예의였다. 사람으로서의 보은(報恩)의 비석이었으며 유배문학으로 승화시킨 꽃이었다. 조선 시대에 한 여성을 위해 사대부가 남긴 시비(詩碑)는 "홍의녀의 묘비 오직 이것뿐이다."고 했다.

　　　　　　※ 고영철, '유수암리 홍의녀(홍윤애) 묘', 고영철의 역사교실웹사이트
　　　　　　　　http://www.jejuhistory.co.kr(접속일:2025. 4. 30)

1997년 11월 9일에는 경상북도 상주에 있는 양주 조(趙)씨 문중의 사당인 함녕재(咸寧齋)에서 홍윤애를 조정철의 정식 부인으로 인정하고 사당에 봉안하는 의식이 거행되었다. 홍윤애가 비명에 간 지 186년 만에 이루어진 복권이었다.

  조정철이 1777년부터 1790년까지 제주 유배인으로 있으면서 지은 시문집, '정헌영해처감록'이 2007년에 제주문화원에서 편찬되었다. 이 문집은 유배인의 슬픔과 억울함, 한을 읊고 있으면서도 제주 자연과 풍속, 인심, 정치 상황은 물론 당시 감귤의 종류까지 담고 있다.

  조정철과 홍윤애의 비극적 사랑 이야기는 조선 시대 유배제도와 그로부터 파생된 개인의 삶의 비극을 드러내는 중요한 역사적 사건이다. 조정철은 홍윤애를 깊이 사랑했으며, 그녀의 묘비를 세움으로써 자신의 사랑과 헌신을 표현했다. 이 묘비는 지역 주민들에게는 정체성과 자긍심의 상징이 될 뿐 아니라 제주도 유배문화 전달하는 중요한 역할을 하리라 본다.

제주 4.3 사건 – 동서 냉전과 미군정이 남긴 비극의 역사

① 제주 4.3사건

  제주 4.3사건은 "1947년 3월 1일 경찰의 발포사건을 기점으로 하여, 경찰·서북청년단의 탄압에 대한 저항과 단선·단정 반대를 기치로 1948년 4월 3일 남로당 제주도당 무장대가 무장봉기한 이래 1954년 9

월 21일 한라산 금족지역이 전면 개방될 때까지 제주도에서 발생한 무장대와 토벌대간의 무력충돌과 토벌대의 진압과정에서 수많은 주민들이 희생당한 사건"이라고 정의할 수 있다.

〈제주 4.3사건 진상조사보고서〉, p536

4.3사건은 미군정기에 발생하여 정부 수립 이후에 이르기까지 7년여에 걸쳐 지속된, 한국 현대사에서 6·25전쟁 다음으로 인명 피해가 극심했던 사건이다.

이 사건으로 인해 제주도 주민들은 막대한 인명 피해를 입었으며, 사망자 수는 2만 5,000명에서 3만 명에 이를 것으로 추정된다. 당시 제주도 인구의 10분의 1 이상이 목숨을 잃은 것이다. 많은 사람들이 체포되고 고문을 당했으며, 제주도는 큰 피해를 입게 되었다.

사건 이후에도 제주도민과 중앙 정부 간의 신뢰는 크게 손상되었으며, 제주도의 역사와 문화에 깊은 상처를 남겼다. 이 사건은 제주도민들에게 외상 경험으로 남아 오늘날까지도 영향을 미치는 요소로 남아 있다.

② 사건의 반성과 재조명:
- 진실 규명과 사과: 2000년대 들어서 제주 4.3 사건에 대한 진실 규명과 사과 요구가 커지면서, 국가는 공식적인 조사와 반성을 시작

하게 되었다. 그 결과, 4.3 사건의 역사적 의미와 피해자들의 권리를 회복하기 위한 다양한 노력들이 이어지고 있다.
- 기념일 및 기념사업: 제주 4.3 사건 기억하기 위한 기념일(4월 3일)과 기념관, 제주 4.3 평화재단, 제주 4.3 연구소 등이 세워져 제주도민과 한국 사회가 이 사건을 잊지 않도록 노력하고 있다.

③ 유네스코 세계기록유산 등재와 화해 선언

2025년 4월 10일 대한민국 정부와 제주도가 제출한 '진실을 밝히다: 제주 4.3 아카이브(Revealing Truth : Jeju 4.3 Archives)'의 유네스코 세계기록유산 등재되었다. 등재되는 날에 오영훈 지사는 "제주 4.3의 아픔을 치유하고 화해와 상생을 이뤄낸 제주도민의 역사적 여정이 세계의 유산이 된 뜻깊은 순간"이라고 했다.

이제 제주 4.3 사건은 개인의 사건이 아니라 사회 전체의 사건이요 세계의 사건이 된 것이다. 제주는 세계를 향해 화해와 인권을 말할 충분한 자격을 인정받았다. 제주 4.3 사건의 피해자로서 화해를 주장하는 것은 과거의 아픔을 잊는 것이 아니라 수용하여 이해하고, 그로부터 배운 교훈을 바탕으로 사회의 평화와 화해를 위해 기여하고자 하는 진정한 의지를 표현하는 것이다.

④ 수악(물오름) 제주 4.3 경계초소
"우린 남도 북도 아닌 제주도우다", "속솜허라"

제주도 한라산 동굴과 산림에는 제주 4.3 사건 당시 군경의 탄압을 피해 피신한 유물이 발견되고 있고, 군경과 무장대 교전하면서 토벌대 주둔소 흔적과 곳곳에 경계 초소를 발견할 수 있다.

숲해설을 하면서 산림에 있는 4.3 사건의 역사적 현장을 외면할 수 없다.

수악(물오름) 아래 310고지에서 숲 가꾸기를 하다 4.3 사건 당시 경계 초소가 발견되었다. 제주 역사상 최대 비극이었던 제주 4.3 당시에 오름 주변은 토벌대와 유격대 간의 격전이 벌어졌던 참극의 현장이었다.

하례리 해안 마을에서 수악오름(고도 472m)으로 올라가는 우마차 도로가 있고, 우마차 도로 비켜진 곳에서 통행하는 사람을 지켜볼 수 있는 숨겨진 경계 초소이다.

이 우마차 도로는 아마도 달이 없는 깊은 밤 중에 한라산에서 거주하는 유격대들이 먹을 것은 구하기 위해 해안 마을로 오르내리던 길이었을 것이고, 경계 초소는 해안 거주 토벌대가 한라산(오름)에서 내려오는 무장대를 감시하기 위한 초소인 것으로 추정된다.

이 초소를 볼 때 4.3 사건과 관련된 2개의 말이 떠오르며 가슴이 먹먹하다. "우린 남도 북도 아닌 제주도우다"- 제주의 가슴 아픈 현대사 제주 4.3사건을 그린 장편소설《제주도우다》(2023)에서 저자가 한 말이다. "속슴허라"- 슥슴허라는 4.3 사건과 관련된 제주어로, '숨을 죽이라', '조용히 해라'라는 뜻이다. 동굴 속에 숨어있는 피난민이 군경 토벌대에게 발각되지 않으려고 속으로 쉬는 숨소리 조차 내지 말라고 신신당부할 때 사용된 말이다. (속슴은 속으로 쉬는 숨의 준말)

〈제주국립산림생태관리센터 사무동 아래 경계초소〉

제주어 - 200년 출육금지령 고통 속에 맺어진 진주

제주의 삼보(三寶)는 제주의 세 가지 보물을 의미하며, '제주도의 언어', '수중 자원', '식물의 보고'를 가리킨다. 2010년대 이후 학계에서는 제주말을 '제주도 사투리' 혹은 '제주도 방언'이 아니라 '제주어'로 사용하게 되었다. 현재 유네스코와 제주도, 제주도의회, 국제 표준화 기구에서는 '제주도 방언'이 아닌 '제주어'로 분류하고 있다.

제주어가 언제부터 사용되었는지는 알 수 없으나, 직접적으로는 탐라가 삼국 및 고려에 복속된 후 유입된 중세 한국어에서 비롯되었을 것으로 추정된다. 이후 섬이라는 지리적 특성으로 인해 육지와 말의 차이가 벌어져 제주어가 형성되었다.

제주어가 형성되는 데 결정적인 역사적 사건은 조선 중기 제주도민들이 제주 섬을 떠나는 것을 200년 동안 금지한 정책이 큰 영향을 끼친 것으로 본다.

조선 정부의 견지에서 보면, 당시 제주는 지정학적으로나 경제적으로 무시하지 못할 효용 가치가 있었다. 지정학적으로는 일본과 중국을 잇는 거점 지역으로서 방위 전략상 중요하였다. 경제적으로는 명과의 말 무역에 있어서 말의 생산지이자 제주 지역 특산물 또한 중요한 자원이었다.

세종 16년(1434년) 6만 3천 474명이던 제주 인구는 선조 34년(1601년) 2만 2천 990명에 불과하는 등 약 170년간 4만 이 줄었다.

제주도민이 제주를 떠나야 했던 원인으로는 중앙 관리와 지방 토호의 이중 수탈, 왜구의 빈번한 침입, 지나친 진상과 그에 따른 부역의 증대 등을 들 수 있다. 시간이 지남에 따라 제주 유민의 수가 증가하고 제주 인구는 감소하였다.

그런데 제주도민들이 제주를 떠나 제주 인구가 감소되어 특산물의 진상, 군역의 축소 등이 심각한 과제가 되었다. 이에 1629년(인조 7) 8월 13일 조선 정부에서는 제주도민이 육지로 나가는 것을 금지하는 정책을 실시하였고, 약 200년 후 순조 25년(1825년) 출육금지령이 해제되었다.

200년 출육금지령 때문에 제주에 유배 온 왕손도 유배 해제가 되었으나 피해 갈 수 없었다 하니 출육금지령이 얼마나 엄중한 것이며, 제주민이 겪었을 그 아픔을 생각해 보니 가슴이 답답하다.

 출육금지령으로 인해 제주도민이 육지로 이동하지 못하게 됨에 따라 제주도는 외부 문화의 유입이 최소화되었다. 이는 제주어가 외부 요인에 의해 변형되거나 영향을 받는 것을 방지하고, 제주어의 고유성과 독창성을 유지하는 데 이바지했다.
 제주어는 고립된 환경에서는 지역 특유의 언어가 더욱 강하게 자리 잡게 되었다. 제주어를 사용하는 공동체로서의 문화적 정체성이 강화되었다.

맺는말

　은퇴 후 제주 숲에서 7년 동안 숲해설가로 활동한 기록을 남기기 위한 의도로 《은퇴 후 좌충우돌 7년 제주숲 해설기》를 집필하다가 단순한 기록을 남기는 것이 아니라 숲을 해설하는 이들에게 조금이라도 도움이 될까 하여 '테마 중심 인문학적 숲해설' 주제를 정하고, 그 흐름에 맞추어 정리해 보았다. 산림에 대한 지식

도 짧고 숲해설 경험이 얼마 되지 않아 만족스럽지는 않지만, 이 책이 나올 수 있음에 다음과 같이 감사를 표하고 싶다.

먼저, 제주가 내 곁에 있음에 감사한다.
　제주의 숲을 비롯한 아름다운 자연, 고통의 역사 흔적들, 제주의 정신을 알아갈수록 경외감이 생기고 사랑하는 마음이 샘솟는다. 제주도는 대한민국의 변방에 있지만, 제주도 땅에서는 민족 역사의 흐름에 중심이 되는 역사적 사건들이 일어났다. 고려시대 삼별초의 항몽, 고려시대 목호의 난, 조선시대 출육금지령, 8·15 광복과 함께 일어난 제주 4.3 사건 등은 우리 민족 역사의 아픔을 제주도가 직격당한 사건이라고 본다. 제주도가 겪은 이러한 역사적 고통이 잘 승화되어 대한민국의 미래 역사를 긍정적으로 움직이는 지렛대 역할을 할 수 있기를 기대해 본다.

둘째는 숲해설가로 성장해 가는 과정에 스승이 되어 주신 분과 동료에게 감사한다. 인문학적 숲해설을 소개해 주고 실제로 보여준 박종만 숲해설가, 산림 생태를 의인화하여 감동으로 전해 준 페터 볼레벤(Peter Wohlleben), TORE해설 모델을 보여준 샘 햄(Sam H. Ham), 숲해설 동료로 함께 활동하고 있는 강미선 숲해설가 백숙희 숲해설가에게도 감사한다. 철이 철을 날카롭게 함같이 이들은 내가 더 성숙한 숲해설가가 되도록 이끌어 주었다.

셋째로 발달장애 아동을 대상으로 숲체험 활동을 할 수 있도록 든든한 후원이 되어 주신 분들께 감사한다. 와랑와랑숲사회적협동조합 이사들과 발달장애 아동의 숲체험 활동을 위해서 안전하고 적합한 장소 제주양떼목장을 제공해 주신 박명천 대표, 와랑와랑숲조합에 정기적으로 재정 후원해 주는 송학대교회, 발달장애 아동의 숲활동에 직접 참여해 주신 김신주 특수교사, 발달장애 아동에게 친구가 되어 주신 성안교회 '감사의 꽃' 셀, 와랑와랑숲 조합원들에게 고개 숙여 감사를 드린다.

넷째 4년째 근무하고 있는 서부지방산림청 제주국립산림생태관리 센터 기관 관계자와 센터 숲친구들에게 감사한다. 숲해설가로 근무했던 여러 환경 중에서 산림 생태를 관찰할 수 있는 가장 좋은 근무처였다. 센터 숲에 사는 생명체들이 이제는 친구처럼 정겹고, 살아가는 모습이 경이롭다. 이들이 변화되는 현상을 지켜볼 수 있는 하루하루가 신비롭고 즐겁다.

다섯째 나의 인생 여정에서 가장 큰 지지자이자 동반자들, 나의 사랑하는 가족들에게 감사한다. 35년 동안 목회 동역자로 함께해 온 아내 장민자는 나의 은퇴 후 산림교육전문가르서 동행해 주며, 이제는 숲 동지가 되어 평생 동행하면서 언제나 지혜로운 조언자가 되어 주었다. 아내의 격려가 없었다면 이 책이 나올 수 없었을 것이다. 숲체험 교육의 모델이 되어 준 손주들, 혜주 승주, 정안 한글이를 비롯한 아들과 딸 가족에 감사한다. 손주들에게 자연을 사랑하는 마음을 선물할 수 있었던 것이 최고의 기쁨 중 하나이다. 가족과 함께 제주의 자연 속에서 행복한 기억을 공유할 수 있음에 더욱 감사할 뿐이다.

여섯째 책이 출판되는 과정에서 내 생각을 아름답게 담아 표지 디자인해 준 메스매스에이지 회사 디자인 담당자와 책 집필 소식을 듣고 응원을 해 준 송학대교회 박병주 목사와 교회 모든 분에게 감사를 드린다.

숲에서 환대를 실천하기를

나의 일생에 이정표가 되어 준 사건이 있다. 스페인 산티아고 순례길 중에 프랑스길(2008년)과 북쪽길(2015년)을 순례하며 얻은 경험이다. 그 순례길에서 받았던 엄청난 환대를 은퇴 후 제주 올레길을 걷는 자에게 돌려주려 한 계획을 이제 제주의 숲에서 더욱 실천해 보려고 한다.

은퇴 후에도 내게 놀라운 삶을 주신 하나님께 감사와 영광을 올려드린다.

"나의 나 된 것은 하나님의 은혜로 된 것이니. 오직 나와 함께하신 하나님의 은혜로라"(고전 15:10)

참고문헌

강영옥 역, 페터 볼레벤, 《인간과 자연의 비밀 연대》, 더숲, 2020.
강판권, 《나무 철학》, 글항아리, 2015.
구영옥 역, 자크 타상 《나무처럼 생각하기》, 더숲, 2019.
김난도 외, 《트렌드 코리아 2025》, 미래의 창, 2024.
김다희 역, 수잔 시마드, 《어머니 나무를 찾아서》, 사이언스북스, 2023.
김선숙역, 이나가키 히데히로, 《싸우는 식물》, 더숲, 2019.
김수영 역, 미셸르 방키앵, 《자연이 우리를 행복하게 만들 수 있다면》, (주)프런트페이지, 2022.
류시화 역, 칼릴 지브란, 《예언자》, 무소의 뿔, 2018.
박여명 역, 페터 볼레벤, 《숲, 다시 보기를 원함》, 더숲, 2021.
박종만, 《인문학적 숲허설》, 레슨, 2013.
박준석 역, 마르코 멘칼리 마르코 니에리, 《치유하는 나무 위로하는 나무》, 목수책방, 2020.
박중환, 《숲의 인문학》, 한길사, 2023.
박중환, 《식물의 인문학》, 한길사, 2023.
박효은 역, 카린 마크콩브, 《숲속의 철학자》, 포레스트북스, 2023.
생명의숲 숲해설교재편찬팀, 《숲해설 아카데미》, 현암사, 2015.
신준환, 《다시, 나무를 보다》, (주)알에이치코리아, 2015.
양병찬 역, 스테파노 만쿠소, 알렉산드라 비올라, 《매혹하는 식물의 뇌》, 행성B이오스:행성비, 2016.
우종영, 《나는 나무처럼 살고 싶다》, 랜덤하우스 중앙, 2005.
우종영, 《바림》, 자연과 생태, 2018.
이주희 외, 《숲해설 투어 안내기법》, 이담, 2019.
이진형 역, 샘 햄, 《청중을 변화시키는 해설》, 바른북스, 2023.
장혜경 역, 페터 볼레벤 《나무수업》, 위즈덤하우스, 2016.
장혜경 역, 페터 볼레벤 《나무의 말이 들리나요》, 논장, 2020.

정서진 역, 배른다 L. 몽고메리, 《식물의 방식》, 이상북스, 2022.
제주특별자치도(사)한라산생태문화연구소, 《한라산총서 축약집 한라산 이야기》, 선진인쇄사, 2013.
주강현, 《제주기행》, 도서출판 각, 2021.
차윤정, 《숲생태학 강의》, 웅진지식하우스, 2007.
차윤정, 《숲의 생활사》, 웅진지식하수스, 2010.
현기영, 《제주도우다》, 창비, 2023.
황경택, 《나무문답》, 황소걸음, 2023.

테마 중심
인문학적 숲해설

ⓒ 정동락, 2025

초판 1쇄 발행 2025년 7월 14일

지은이	정동락
펴낸이	이기봉
편집	좋은땅 편집팀
펴낸곳	도서출판 좋은땅
주소	서울특별시 마포구 양화로12길 26 지월드빌딩 (서교동 395-7)
전화	02)374-8616~7
팩스	02)374-8614
이메일	gworldbook@naver.com
홈페이지	www.g-world.co.kr

ISBN 979-11-388-4471-0 (03980)

- 가격은 뒤표지에 있습니다.
- 이 책은 저작권법에 의하여 보호를 받는 저작물이므로 무단 전재와 복제를 금합니다.
- 파본은 구입하신 서점에서 교환해 드립니다.